Heiner Mühlmann

Darwin – Kalter Krieg – Weltwirtschaftskrieg

Heiner Mühlmann

Darwin
Kalter Krieg
Weltwirtschaftskrieg

Das Aussterben des amerikanischen *imperium*

Wilhelm Fink

Umschlagabbildung:
Rainer Gabriel

Bibliografische Information der Deutschen Nationalbibliothek

Die Deutsche Nationalbibliothek verzeichnet diese Publikation in der Deutschen Nationalbibliografie; detaillierte bibliografische Daten sind im Internet über http://dnb.d-nb.de abrufbar.

Wilhelm Fink GmbH & Co. Verlags-KG, Jühenplatz 1, D-33098 Paderborn

Internet: www.fink.de

Einbandgestaltung: Evelyn Ziegler, München
Printed in Germany.
Herstellung: Ferdinand Schöningh GmbH & Co. KG, Paderborn

ISBN 978- 3-7705-4870-5

Inhaltsverzeichnis

Zufall

Darwins Theorie ist ein Modell, das man übertragen kann. Es funktioniert nicht nur in der genetischen Evolution. In jedem Beobachtungsbereich, in dem Variationen und Selektionsprozesse vorkommen, kann man die Darwinsche Beschreibungsmethode anwenden.

Selektion entscheidet darüber, ob etwas überlebt oder ausstirbt. Lebewesen sind von ihren Umwelten abhängig. Ob sie überleben können, finden sie heraus durch die Variation ihrer Anpassungsversuche. Sie können nacheinander Varianten von Anpassungsversuchen ausprobieren, oder sie können Varianten von Individuen und Arten in die Welt setzen.

Der Zufall ist der wichtigste Erzeuger von Variation. Dieser Zufall will es, dass 2009 sowohl das Gedenkjahr Darwins als auch das Gedenkjahr des Kalten Krieges ist. In Gedenkjahren ist es üblich, Bücher und Essays über die Jubiläumsthemen zu schreiben. Wenn in einem Jahr zwei Themen zusammenfallen, die beide mit Evolution zu tun haben, ist es die Pflicht des Essayisten, die beiden Themen miteinander zu verknüpfen. Darwin muss deshalb irgendwie mitgewirkt haben beim Kalten Krieg und bei den 20 Jahren danach. So will es der Zufall des Jubiläumskalenders.

Darwin, der Kalte Krieg und was danach kam: Ein zufälliges Thema. Eine Variante in der Variation von Buchtiteln zum Jubiläumsjahr. Die Selektion möge entscheiden, ob diese Variante fit ist.

Orakel

Prophezeiungen und Kriege haben immer schon Hand in Hand gearbeitet. Die Griechen konsultierten das Orakel von Delphi. Die Römer ließen Gutachten von den Auguren und den Haruspices erstellen, bevor sie in den Krieg zogen.

Prophezeiungen und Kriege erzeugen paradoxale Kausalitätsketten. „Paradoxal" bedeutet in diesem Zusammenhang: Menschen verfolgen ein Ziel, doch alles kommt anders. Das aber nur, weil das Ziel verfolgt wurde. Wäre kein Ziel verfolgt worden, wäre es noch anders gekommen. Oder es wäre gar nichts passiert. Die Menschen glauben an die Prophezeiung und streben das prophezeite Ziel an. Die Prophezeiung erfüllt sie mit Überzeugung. Viele Prophezeiungen sind paranoid. Dann werden irgendwo Menschen vermutet, die man für Feinde hält. Feinde tun nie, was man von ihnen erwartet. Sie benutzen Listen und Finten. Dadurch werden Taten, die paranoiden Prophezeiungen folgen, auf Irrwege gelockt, und die Ereignisfolgen nehmen paradoxale Züge an.

Dasselbe gilt für Kriege: Menschen entwerfen strategische Pläne. Sie ziehen mit Enthusiasmus in Kriege, gewinnen Schlachten und triumphieren. Sie gewinnen vielleicht ganze Kriege. Doch die Strategielehrbücher aller Kulturen und aller Epochen sind ernüchternd. Ihre Autoren sprechen aus Erfahrung. Sie ermahnen die Feldherren: Hütet euch vor triumphalen Siegen. Hütet euch vor der eigenen Übermacht. Siege werden zu Niederlagen, Niederlagen zu Siegen. Die Besiegten haben die Sympathien der unbeteiligten Beobachter. Die Besiegten sind am Ende die Sieger.[1]

Wenn Prophezeiungen und Kriege zu paradoxalen Ergebnissen führen, bedeutet das: Den Menschen geht die Zielführung ihrer Handlungen verloren. Die Handlungen werden zu bloßem Verhalten. Die Evolution übernimmt die Führung. Diese Führung ist blind. Die erreichten Ziele sind fremd. Sie werden zu Umwelten, denen man sich anpassen muss. Dabei gilt das Darwin-Modell von Variation und Selektion. Das unerwartete Kriegsergebnis selektiert die mit der größten Fitness ausgestatteten Individuen, Gruppen und Kulturen. „Survival of the fittest" bedeutet nicht „Überleben des Stärksten" sondern „Überleben von dem, was am besten passt".

---

1 Luttwak, E. N. (1987) *The Logic of War and Peace,* Harvard University Press, Cambridge Mass.; Chaliand, G. (1990) *Anthologie mondiale de la stratégie*. Laffont, Paris.

Kultur

Wenn man einen Essay über das Ende des Kalten Krieges und die zwanzig Jahre danach schreibt, dann geht es um die Themen „Aufstieg der USA zur einzigen Supermacht", „11. September", „Irakkrieg" und „Finanzkrise von 2008". Wenn ein deutscher Europäer über diese Themen schreibt, muss er sich folgende Frage stellen: Soll es ein Essay über die USA werden, oder soll es ein Essay über die ganze Westliche Kultur werden? Im ersten Fall muss er in der dritten Person Plural schreiben. Er muss sagen: „Sie, die USA." Im zweiten Fall muss er die erste Person Plural wählen und sagen: „Wir, die Angehörigen der Westlichen Kultur."

Wenn der Autor sich für das „wir" entscheidet, dann drückt er damit aus, dass Europa und die USA bis jetzt strategisch aneinander gekoppelt waren. Er ist sich dessen bewusst, dass Europa Teil der amerikanischen Geostrategie ist. Er will konsequenterweise sagen, dass Europa für alles mitverantwortlich ist, was der amerikanischen Strategie auf der Welt gelungen und misslungen ist. Er muss auch zugeben, dass Europa vom amerikanischen Militärsystem profitiert hat, weil die USA immense Geldbeträge für Rüstung ausgeben, und weil Europa durch seine Trittbrettfahrerrolle Rüstungsausgaben einsparen kann. Das gesparte Geld kann für Sozialsysteme und Kultur ausgegeben werden.

Das „wir" enthält noch eine weitere Implikation. „Kalter Krieg" und „USA Supermacht" sind Themen der Geopolitik. Wenn es um Geopolitik geht, sind die agierenden Parteien normalerweise staatliche oder imperiale Einheiten. Die Westliche Kultur dagegen wäre eine kulturelle Einheit als Agent von Geopolitik. Es wird also die Frage zu stellen sein, ob Kulturen mit ihren spezifischen inneren Dynamiken geopolitische Agenten, vielleicht sogar die eigentlichen geopolitischen Agenten sind.

Der Rückgriff auf den Kulturbegriff beruft sich natürlich auch auf die 2500 Jahre kohärenter kultureller Evolution, die Europa und die USA zu einer untrennbaren Einheit machen.

Es gibt noch einen Grund, der dafür spricht, Kulturen als geopolitische Aktionseinheiten zu betrachten. Wenn zur gegenwärtigen Zeit die Frage gestellt wird, welche Weltmächte nicht nur politisch sondern auch kulturell definiert werden können, und wenn man außerdem fragt, welche die „größten" kulturell definierbaren Einheiten sind, dann gelangt man zu folgenden Annahmen: Die Frage nach den „größten" Kulturen enthält eine räumliche und eine zeitliche Komponente. Die zeitliche „Größe" bezieht sich auf die Zahl der Generationen, in denen sich eine Kultur ohne Unterbrechung weiterentwickelt hat. Die räumliche Größe bezieht sich auf die geographische Fläche, die von einer Kultur besiedelt wird, und auf die Einwohnerzahl.

Die spontane Antwort auf die Frage nach den „größten" Kulturen lautet: Es sind China und die Westliche Kultur. Beide haben imperiale Strukturen. Die chinesische Kultur evolviert ohne Abbruch seit ca. 3000 Jahren. Die von China besiedelte geographische Fläche ist größer als die der anderen Kulturen. Dasselbe gilt für die Bevölkerungsgröße.

Die Westliche Kultur operiert geopolitisch seit der Zeit des römischen Imperium. Es gab den nicht-imperialen Vorläufer „griechische Polis-Kultur". Und es gab den protoimperialen Vorläufer „Alexander der Große". Dabei handelt es sich um das territoriale Ergebnis seiner Eroberungen und um die hellenistische Kultur, die später diesen Eroberungsraum ausfüllte.

Heute wird die Außendarstellung der westlichen Kultur von den USA geprägt. Wichtige kulturelle Unterscheidungsmerkmale wie Sprache und Religion haben Europa und die USA gemeinsam. Es wäre folglich nicht unangebracht, von einer römisch-euroamerikanischen Kultur zu sprechen.

Eine Anmerkung zur Effizienz von kultureller Organisation im Allgemeinen: Für den wirtschaftlichen Erfolg des China von 2008 soll es eine Initialzündung gegeben haben: den früher beginnenden Erfolg Singapurs. Der chinesische Präsident Deng Xiaoping habe eines Tages Singapur besucht und dabei festgestellt, dass der singapurische Erfolg vor allem auf die Tüchtigkeit der chinesischen Bevölkerung zurückzuführen war. Der chinesische Bevölkerungsanteil beträgt dort 60%. Deng Xiaoping habe außerdem festgestellt, dass seine Landsleute in Singapur mehr leisteten als im chinesischen Mutterland. Daraufhin habe die chinesische Regierung in der Volksrepublik die Verhältnisse so verändert, dass auch dort kapitalistisches Wirtschaften möglich wurde.[2]

Weder Singapur noch China sind Demokratien. Ihre Verfassungen unterscheiden sich deutlich von westlichen Verfassungen. Den verfassungsrechtlichen Unterschied kann man auf folgende Kurzformel bringen: Singapur und China bieten Freiheitsrechte im sozialen und ökonomischen Bereich, nicht im politischen Bereich. Mit den Begriffen der westlichen politischen Philosophie würde man sagen: Es gibt Freiheit nur in der „societas", nicht in der „civitas". Es gibt den freien „bourgeois", nicht den freien „citoyen". Demokratische Prozeduren werden als Energie verschwendender kultureller Ballast betrachtet. China und Singapur sind Diktaturen. Die Diktatoren orientieren sich am Wirtschaftserfolg.

Es ist beobachtet worden, dass Chinesen in nicht-chinesischen Staaten überdurchschnittlich erfolgreich sind. Sie scheinen imstande zu sein, in beliebigen politischen Systemen Erfolgsgruppen zu bilden. Es muss also Merkmale geben, die chinesische Populationen von anderen Populationen unterscheiden. Dabei kann es sich nur um kulturelle Unterscheidungsmerkmale handeln. Unterscheidungsmerkmale bestehen aus biologischen und kulturellen Anteilen. Sie werden durch Genetik und durch Enkultu-

---

2 Siehe: Khanna, P. (2008) *Der Kampf um die zweite Welt, Imperien und Einfluss in der neuen Weltordnung*. Berlin Verlag, Berlin.

rierungsprozesse übertragen. Wie Enkulturierung funktioniert, soll auf den folgenden Seiten dargestellt werden.

Die wichtigste Konsequenz, die sich aus der getroffenen Wahl des Beschreibungsobjekts ergibt, ist die Berücksichtigung der Tatsache, dass Kulturen evolvieren. Wenn also Kulturen geopolitische Akteure sind, dann entsteht eine funktionale Beziehung zwischen der endogenen Evolution der Kulturen und der geopolitischen Entwicklung. Auch sie wird zur Evolution und zum möglichen Beschreibungsobjekt für Darwinsche Modelle.

Futuristik

„Wir" haben in der Zeit vom Ende des Kalten Krieges bis zur Finanzkrise sieben Prophezeiungstheorien entwickelt, die als besonders repräsentativ betrachtet werden können. Sie haben alle prophetische Erfolge erzielt. Erfolg bedeutet dabei: Die Zukunft wurde lediglich durch „self fullfilling prophecy-Effekte" getriggert.

Die Zukunftsvoraussage ist einer militärstrategischen Entscheidung nicht unähnlich. In der Strategie gibt es die Regel: Kriegserfolge sind paradoxale Erfolge.[3] Alles

---

3 Luttwak, E. N. (1989) *Le paradoxe de la stratégie,* Odile Jacob, Paris.

kommt anders als geplant. Übertragen auf die Zukunftsprognostik bedeutet das: Wenn du mit einer Zukunftsvoraussage eine kritische Größe von Bekanntheit erreichst, dann beeinflusst die Voraussage die Entwicklung, die in die Zukunft führt. Diese Entwicklung wird zwar verändert, doch die Zukunft, die sich daraus ergibt, wird anders sein als von der Prognose vorausgesagt.

Auf den folgenden Seiten soll die Frage gestellt werden, ob Zukunftstheorien kulturelle Dynamiken beeinflussen können und ob kulturelle Dynamiken Auswirkungen auf geopolitische Entwicklungen haben.

Wenn die Informationseinheiten, die in Zukunftstheorien enthalten sind, kulturrelevant werden sollen, dann müssen sie in den Enkulturierungsprozess eindringen. Man kann dabei von der hypothetischen Annahme ausgehen, dass Inhalte von Zukunftstheorien als Enkulturierungseinheiten fungieren und bestimmte statistische Mindestanteile bei der Enkulturierung von Populationen erreichen müssen.[4] Nur dann können sie Effekte erzielen, die man mit militärstrategischen Effekten vergleichen kann.

4 Zur Evolution der Enkulturierung siehe: Mühlmann, H. (2007) *Jesus überlistet Darwin,* TRACE, Springer, Wien New York.

Katalog

Zunächst die Liste der sieben ausgewählten Voraussagetheorien:

1)
1991. Die Voraussage der Trendforschung: „cocooning“. Vorausgesagt in Face Popcorns 1991 zum ersten Mal erschienenen Bestseller „The Popcorn Report“.
Referenzbegriff: „Markt“[5]

2)
1992. Francis Fukuyamas Voraussage „Ende der Geschichte“. Mit „Ende der Geschichte“ ist das Ende einer Dynamik gemeint, die durch ideologische Kriege vorangetrieben wird.
Referenzbegriff: „Philosophie“[6]

3)
1993. Edward N. Luttwaks Voraussage: Nach dem mili-

---

5 Popcorn, F. (1991) *The Popcorn Report,* HarperBusiness, New York.
6 Fukuyama, F. (1992) *Das Ende der Geschichte,* Kindler, Berlin.

tärischen Kalten Krieg wird es den Weltwirtschaftskrieg geben. Nachlesbar in seinem Buch: „The Endangered American Dream. How to Stop the United States from Becoming a Third World Country and How to Win the Geo-Economic Struggle for Industrial Supremacy."
Referenzbegriff: „Strategie"[7]

4)
1994. Samuel Huntingtons Voraussage „Clash of Civilisations". Spezielle Voraussage: Es wird zu einem Konflikt zwischen dem Islam und der Westlichen Kultur kommen.
Referenzbegriff: „Kultur"[8]

5)
1996. Voraussage der MSC-Theorie. Erschienen im Buch „Die Natur der Kulturen" von Heiner Mühlmann. MSC bedeutet: „maximal stress cooperation". Die MSC-Theorie sagt voraus: Kulturelle Dynamiken bestehen aus iterativen Folgen von MSC-Ereignissen und darauf folgenden Erholungsphasen. In den Erholungsphasen werden kulturelle Regelsysteme neu bewertet.
Refernzbegriff: „Kultur"[9]

---

7 Luttwak, N. E. (1993) *The Endangered American Dream,* Simon & Schuster, New York.

8 Huntington, S. (1993) The clash of Civilisations, in: *Foreign Affairs,* 3.22–48.

9 Mühlmann, H. (1996) *Die Natur der Kulturen. Entwurf einer kulturgenetischen Theorie,* Springer, Wien New York.

6)
2001. Victor Davies Hanson: „An Autumn of War". Eine rhetorische Aufforderung zum Krieg gegen Terrorismus. Voraussage: Weil die Westliche Kultur immer erfolgreich war im Krieg gegen nicht westliche Feinde, wird sie auch gegen die nicht westlichen Terroristen erfolgreich sein.
Referenzbegriff. „Kultur"[10]

7)
2002. Philip Bobbitt: „The Shield of Achilles". Voraussage: Die Ablösung des Nationalstaats durch den „Market State". Weitere Voraussage: Auf jeden Krieg folgen Verfassungsänderungen.
Referenzbegriff: „Markt"[11]

Kokon

Die erste Voraussage bezog sich auf einen Markt-Trend. Mit dem Erscheinen des Buchs von Face Popcorn war die Geburt eines neuen Forschungsbereichs verbunden. Plötzlich gab es die Trendforschung. Sie unterschied sich

10 Hanson, V. D. (2001) *An Autumn of War,* Anchor Books, New York.
11 Bobbitt, P. (2002) *The Shield of Achilles,* Knopf, New York.

vom Marketing dadurch, dass ihre Beschreibungsgegenstände allgemeiner waren. Das Marketing betrifft jeweils spezifische Marktkategorien, z.B. „Markt der Personenkraftwagen“ oder „Markt der Milchprodukte“. Die Trendforschung dagegen machte Aussagen, die für viele bzw. für alle Marktkategorien gelten sollten.

Der erste prognostizierte Großtrend hatte den Namen „cocooning“.[12] Er sagte folgendes voraus: Die Menschen werden sich in allen Lebensbereichen nach Dingen sehnen, die das Gefühl der Geborgenheit erzeugen. „Cocooning“ leitet sich ab von dem Wort „Kokon“. Ein Kokon ist die Schutzhülle der Schmetterlingslarve. Face Popcorn begründete ihre Voraussage mit einer simplen soziologischen These. Sie sagte: Da die Menschen sich in den öffentlichen Räumen der amerikanischen Städte mehr und mehr unsicher fühlen, sehnen sie sich nach allem, was den Eindruck von Schutz erzeugt. Wie man sieht, ist auch hier Paranoia im Spiel: die Angst vor Überfällen auf Amerikas Straßen.

In der Trendforschung werden drei Ebenen voneinander unterschieden: (1) Die Ebene der Trend auslösenden Faktoren, im Fall „cocooning“ die Unsicherheit auf den Strassen. (2) Der Trend selbst: das Prinzip „cocooning“. (3) Die Produkte und Dienstleistungen, die den Trend umsetzen, aber nicht der Trend selbst sind. Man empfahl beispielsweise das Design von ovoiden (eiförmigen) Formen

12 Popcorn, F., op. cit.

bei Automobilen. Die ovoide Form sollte die Illusion von embryonalem Schutz wie in einem Ei erzeugen. Man sagte voraus, die Automobile würden höher und durch ihre Innenausstattung die Anmutung von fahrendem Wohnraum erzeugen. Für das Modedesign empfahl man Stilzitate aus Epochen, die Geborgenheit in der Familie symbolisieren. Besondere Aufmerksamkeit widmete man der Innenarchitektur, der Eigenheimarchitektur, dem Möbeldesign und dem Design von Heimtextilien. Die eigenen vier Wände sollten den Menschen das Gefühl von Geborgenheit und Schutz geben. Auch das Design von gediegenen Türbeschlägen und Türschlössern wurde nicht vernachlässigt.

Die Trendforschung der 1990er Jahre war erfolgreich. Im Anhang des „Popcorn Report“ fand man Listen von bekannte Firmen, die erklärten, durch die Konsultation von Face Popcorns Team die Umsätze gesteigert zu haben. Man fand Produkte mit cocooning-Effekt in allen Marktkategorien und auf allen westlichen Märkten. Der Erfolg schoss manchmal über das Ziel hinaus. So tauchte nicht selten der Begriff „cocooning“ auf den Medienoberflächen der Werbung auf, beispielsweise in Reklametexten wie: „Unsere Möbelkollektion cocooning“.

Trendforschung ist eine Zukunftstheorie, denn die Unternehmen, die Trendforscher um Rat fragen, wollen etwas über ihre geschäftliche Zukunft erfahren. Trendforschung sei eine von sieben wichtigen Zukunftstheorien der westlichen Kultur, wurde in der Einleitung behauptet. Dass sie im geographischen Bereich der Westlichen Kultur entwickelt wurde, wird man nicht anzweifeln. Aber was bedeutet das Wort „Kultur“ im Begriff „Westliche Kultur“ und was bedeutet er für die Trendforschung?

Es zirkulieren in der einschlägigen Literatur 150 bis 200 verschiedene Definitionen von Kultur.[13] Deshalb muss jeder, der über dieses Thema schreibt, als erstes seine eigene Definition vorstellen. Wenn man sich für einen evolutionstheoretischen Kulturbegriff entscheidet, dann muss man Kultur als eine Dynamik darstellen, in der Informationseinheiten übertragen werden. „Übertragen“ bedeutet: einspeichern in biologische Gedächtnissysteme. Diese Gedächtniseinspeicherungen werden auch „Enkulturierungen“ genannt. Kulturelle Informationseinheiten können in das deklarative Gedächtnis eingespeichert werden. Dann handelt es sich um abrufbares Wissen. Sie können ins emotionale Gedächtnis eingespeichert werden. Dann handelt es sich um emotionale Schlüsselerfahrungen, die sich in kulturell definierten Gruppen ereignet haben. Schließlich können sie ins prozedurale Gedächtnis eingespeichert werden. Dann handelt es sich um Verhalten, das antrainiert worden ist oder das durch einen Gewöhnungsprozess zur Routine wird. Dazu gehören zum Beispiel Gewohnheiten, die durch das Bewohnen eines Hauses entstehen.[14]

---

13 Die Anthropologen Kroeber und Kluckhon stellten bereits 1952 fest, dass es 164 verschiedene Kulturbegriffe gab.

14 Zur Arbeitsteilung im Gedächtnis siehe: Grunwald, T. (2008) *Gehirn und Gedudel,* TRACE, Springer, Wien, New York.

Bei diesen Transmissionseinheiten kann es sich natürlich auch um Merkmale handeln, die bewirken, dass Kulturen unterscheidbare Konturen gewinnen, dass sie sich voneinander abgrenzen, und dass sie gegeneinander konkurrieren. So wäre es beispielsweise interessant, nach den Merkmalen zu suchen, die Individuen der chinesischen Kultur von Individuen der römisch-euroamerikanischen Kultur unterscheiden.

Paradoxie

Aus der Annahme, die Westliche Kultur sei der eigentliche geopolitische Akteur, nicht die EU und die USA – aus dieser Annahme ergeben sich einige theoretische Konsequenzen.

Es wird eine Kultur, nicht ein Staat beschrieben. Der Beschreibung einer Kultur muss eine Begriffsdefinition vorausgeschickt werden. Da die hier benutzte Definition Kultur als permanente Transmission beschreibt, entsteht die Vorstellung von der Kultur als Evolutionsdynamik. Evolutionsprozesse können nicht durch den politischen Willen und nicht auf direktem Weg beeinflusst werden. Sie können nur indirekt und auf paradoxale Weise beeinflusst werden. „Paradoxal" bedeutet in diesem Zusammenhang: Es werden lediglich Anstöße gegeben, die in der Evolution

Zufallsbewegungen hervorrufen. Wohin die Evolution führt, kann weder beeinflusst noch vorausgesehen werden.

Das ist mit dem Wort „paradoxal“ gemeint, wenn über die Resultate der Militärstrategie gesprochen wird. Dasselbe ist gemeint mit der These, Zukunftstheorien beeinflussten Enkulturierungsprozesse auf paradoxale Weise. Wenn also angenommen wird, Kulturen seien geopolitische Wirkungskräfte, dann wird ebenfalls angenommen, durch Enkulturierungsdynamiken erzielte paradoxale Effekte beeinflussten die Geopolitik.

Nachkriegs-cocooning

Wenn „cocooning“ die Zukunftstheorie einer Kultur ist, und wenn eine Kultur aus nichts anderem besteht als aus permanenter Übertragungsdynamik, ist cocooning dann kulturrelevant?

Um kulturrelevant zu sein, muss der Inhalt einer Zukunftstheorie in übertragbare kulturelle Informationseinheiten verwandelt werden. Es stellt sich die Frage: Erreichen erfolgreich verkaufte Waren den Enkulturierungsprozess und wird dabei die Trendeigenschaft, beispielsweise das cocooning-Design, zu einer Informationseinheit, die in biologische Gedächtnisse eingespeichert wird? Wird sie zur Informationseinheit, die einer kritischen Menge von Individuen eingespeichert wird, und wird die Gesamtdynamik der Kultur dadurch beeinflusst?

Cocooning-Requisiten, -Fahrzeuge und -Wohnhäuser müssten theoretisch Einspeicherungseffekte ins prozedurale Gedächtnis bewirken, weil sie Gewohnheiten und Routinen erzeugen, die durch Manipulation, Fahren und Bewohnen entstehen. Das prozedurale Gedächtnis nennt man auch „Körpergedächtnis". Der routineartige Umgang mit cocooning-Requisiten, -Fahrzeugen und -Wohnräumen müsste demnach im Körpergedächtnis das Gefühl von Geborgenheit erzeugen. Es ist somit vorstellbar, dass, vermittelt durch Produkte und Dienstleistungen, cocooning-Einheiten in die Enkulturierung und damit in den Evolutionsprozess gelangt sind. Sind sie einmal von der Evolutionsdynamik erfasst, entziehen sie sich der ökonomischen und politischen Kontrolle.

Der „Popcorn Report" erschien kurz nach dem Ende des Kalten Krieges. Der Kalte Krieg wurde beendet durch den Fall der Berliner Mauer im Jahr 1989, durch den Zusammenbruch des Sowjet-Imperium und durch die damit verbundene Auflösung des Militärbündnisses, das „Warschauer Pakt" genannt wurde. Der Kalte Krieg war ein Krieg, der nicht stattgefunden hatte und trotzdem von einer der Krieg führenden Parteien gewonnen wurde. Er wurde gewonnen, weil die Verkleinerung der Computer für die Produktion der amerikanischen Artillerie-Waffen einen Qualitätssprung herbeigeführt hatte. Durch den

Einbau von halbintelligenten Zielvorrichtungen vergrößerte man die Treffgenauigkeit der Artilleriewaffen so sehr, dass die Feuerkraft der Nato größer wurde als die des Warschauer Pakts. Vorher war es umgekehrt gewesen. Der sowjetische Generalstab wurde durch seine Geheimdienste über diese Entwicklung informiert und gelangte zu der resignativen Einschätzung, von nun an strategisch unterlegen zu sein. Die sowjetischen Staatslenker der Gorbatschow-Zeit zogen dann die politischen Konsequenzen aus dieser Situation.

Von der amerikanischen Politologie des 21ten Jahrhunderts werden die beiden Weltkriege und der Kalte Krieg als ein einziger Krieg beschrieben, der „Langer Krieg" genannt wird.[15] Dieser „Lange Krieg" wurde somit im Jahr 1989 beendet. Er wurde in allen drei Phasen von den USA und ihren Alliierten gewonnen. In der letzten Phase, dem Kalten Krieg, siegten die USA ohne zu kämpfen. Das ist ein Novum der kulturellen Evolution: ein durch Waffeninnovation bewirkter militärischer Sieg in einem nicht stattfindenden Krieg.

Kriege erzeugen die Kulturen der Nachkriegszeiten. In der Nachkriegszeit des nicht geführten Kriegs gab es den Trend „cocooning". Wenn er Kulturrelevanz und damit Evolutionsstatus erreicht hat, dann gab es zu dieser Zeit

15 Bobbitt, P. (2003) *The shield of Achilles*, S. 21ff, Anchor Books, New York.

Populationen, die enkulturiert waren mit dem im Körpergedächtnis gespeicherten Gefühl „Geborgenheit".

Für das Phänomen „Nachkriegskultur" gibt es viele Präzedenzfälle. Der berühmteste ist die Nachkriegszeit der Stadt Athen nach den Siegen über die Perser. Nachkriegskulturen sind auch Frankreich und Deutschland nach dem Zweiten Weltkrieg.[16] Für eine Nachkriegszeit nach einem nicht geführten Krieg, der trotzdem mit militärischen Mitteln gewonnen wurde, gibt es keinen Präzedenzfall.

Kognitive Module

Trendvoraussagen à la Face Popcorn sind Manipulationstechniken von Enkulturierungsprozessen. Nehmen wir an, wir sind seit der Zeit unserer Jäger- und Sammlervorfahren mit dem Instinkt „Nachkriegsverhalten" ausgestattet. Um diesen Instinkt zu veranschaulichen, können wir auf die Theorie der Kognitiven Module mit ihren Negativen und Positiven zurückgreifen.[17] Ein modularer kognitiver

---

16 Sloterdijk, P. (2008) *Theorie der Nachkriegszeiten*, Suhrkamp, Frankfurt a.M.

17 Zur Evolutionsdynamik der Kognitiven Module siehe: Mühlmann, H. (2007) *Jesus überlistet Darwin*, S. 48ff, TRACE, Springer, Wien/New York.

Prozess ist angeboren. Er besteht aus einer kognitiven Verhaltenspräferenz, die funktioniert wie ein Fertigteil. Damit kehren wir zum Darwinschen Denken zurück.

Ein Beispiel, mit dessen Hilfe das Funktionieren von modularen Kognitionsprozessen immer wieder gut erklärt werden kann, ist die angeborene Angst vor Schlangen. Sobald ein Individuum, das über diesen kognitiven Instinkt verfügt, etwas sieht, was auch nur entfernt an eine Schlange erinnert, ergreift es die Flucht. Diese Reaktion vollzieht sich reflexartig. Das bedeutet: Man rennt weg, ohne vorher nachzudenken. Die Schnelligkeit der Reaktion verschafft dem Individuum einen Fitness-Vorteil. Wer öfter und schneller wegrennt, wird seltener von Schlangen gebissen. Dabei ist die Schnelligkeit wichtiger als die Genauigkeit von Wahrnehmung und anschließendem Urteil. Das Individuum ist mit einem Negativ ausgestattet, das funktioniert wie das Suchbild einer Zielvorrichtung. Es reagiert auf einen bestimmten Stimulus. Dieser Stimulus ist das Positiv, das dem Negativ entspricht. Das Positiv hat die Eigenschaft: „... sieht aus wie eine Schlange." Wird das Negativ von diesem Positiv stimuliert, schaltet sich sofort das Fluchtverhalten ein.

Das Positiv, das den Instinkt auslöst, ist ein nur verschwommenes Bild. Es dringt nicht bis zum visuellen Cortex vor, weil der Reaktionsprozess, der im Neurosystem bis zum visuellen Cortex führt, zu langsam ist. Der visuelle Cortex erzeugt ein bewusst wahrgenommenes Bild. Es wird bewertet, und die Bewertung führt dann zu einer überlegten Reaktion.

Das schablonenartige Funktionieren eines modularen Kognitionsprozesses ist auf die Beziehung „Negativ/Positiv“ angewiesen. Weil in unserem Beispiel Schnelligkeit wichtiger ist als Richtigkeit, enthält es viele Fehlerquellen. Es gibt zum Beispiel falsche Negative. Dann ist das Individuum ausgestattet mit dem Negativ „normale Schlangenähnlichkeit“. Das Individuum befindet sich aber in einem Land, in dem die Schlangen aussehen wie vertrocknete Äste. Das Negativ reagiert nicht auf die neuen Schlangen. Das Individuum wird gebissen.

Falsche Positive sind zum Beispiel gewundene Seile, die aussehen wie Schlangen. Das Negativ reagiert. Das Individuum flieht, obwohl es sich um einen falschen Alarm handelt.

Nachkriegsverhalten

Wenn es ein angeborenes Nachkriegsverhalten gibt, das modulartig funktioniert, dann müssten Populationen und Individuen nicht durch wohl überlegte Bewertungen zu dem Urteil gelangen, in der gegebenen Situation sei ein bestimmtes Verhalten angebracht. Das Nachkriegsverhalten müsste vielmehr durch den Automatismus eines Stimulus ausgelöst werden. Wenn es einen derartigen Automatismus gäbe, müsste er angeboren sein. Und wenn er angeboren wäre, müssten Populationen, die mit diesem Verhaltensautomatismus ausgestattet sind, bessere Chancen haben, sich nach Kriegsstress zu erholen. Diese größere Leichtigkeit bei der Normalisierung müsste Krieg führenden Populationen in der Evolution einen Fitness-Vorteil gebracht haben. Auf diese Weise müssten die Gene „Nachkriegsverhalten" verstärkt in die jeweils nächste Generation übertragen worden sein.

Auch hier müsste es dann einen Negativ/Positiv-Kanal für die Stimulus-Übertragung geben. Und auch hier müsste es die Fehlerquellen „falsches Negativ" und „falsches Positiv" geben. Das Negativ des Nachkriegsverhaltens könnte reagieren auf den Stimulus „Verschwinden der Bedrohung". Ein mögliches richtiges Positiv könnte sein „siegreiche Zerstörung der Bedrohung durch Krieg". Ein falsches Positiv könnte sein „siegreiche Beseitigung der Bedrohung ohne Krieg und ohne Erschöpfung".

Was also würde passieren, wenn Nachkriegsverhalten nach einem nicht geführten Krieg durch ein falsches Positiv ausgelöst würde? Es käme zu einer Erholung ohne Erholungsbedarf. Es würde eine positive Feedbackschleife der Erholung entstehen. Die Erholung würde sich kettenreaktionsartig verstärken. Es würden die Dämpfungskräfte fehlen.

Mikroevolution

Kriege sind Ereignisse der Mikroevolution.[18] Mikroevolution entsteht, wenn parentale Enkulturierung von Enkulturierung durch Innovation abgelöst wird. Bei der parentalen Enkulturierung übernehmen Kinder alle kulturellen Informationen von ihren Eltern. Ihre Eltern haben sie von ihren Eltern übernommen, die von ihren Eltern, und so fort. Auf diese Weise sind die Lernzeiten kurz. Man kann alles übernehmen. Der größte Teil der Lebenszeit kann für die Erzeugung und Aufzucht von Kindern genutzt werden. Kulturelle Transmission und genetische Transmission bewegen sich phasengleich. Die parentale Übertragung erzeugt Stabilität der Transmissionsdynamik. Diese Stabilität überlebt aber nur in gleich bleibenden Umwelten.

Wenn die Umwelten sich verändern reicht das parentale Wissen nicht mehr aus. Es muss neues gelernt werden. Mit dem neu Erlernten kann man die Störung im Verhältnis eigenes System vs. Umwelt vielleicht ausgleichen. Für das Lernen bzw. Forschen muss jetzt mehr Lebenszeit einge-

18 Zum Begriff „Mikroevolution" siehe: Boyd, R. und Richerson P. J. (2005) *Not by Genes Alone,* The University of Chicago Press.

setzt werden. Dieser größere Zeitanteil wird meistens von wenigen Spezialisten aufgebracht. Wenn ihre Lernarbeit erfolgreich ist, werden die Lernergebnisse durch Imitation auf den Rest der Population übertragen. Die Lern- und Forsch-Spezialisten werden zu Vorbildern.

Bei Kriegen werden die Veränderung der Umwelt und die Lösung des Problems, das durch die Umweltveränderung entsteht, durch die Krieg führenden Parteien in Einem bewirkt. Durch den Angriff verändert sich das Verhalten der Umwelt. Umwelt im Krieg ist die so genannte „Feindeinwirkung". Meistens gibt es am Ende eine siegreiche Kriegspartei. Der Sieg wird durch die kulturell herbeigeführte Todesbereitschaft der Krieger und durch überlegene Kriegstechnik bewirkt. Die kulturelle Todesbereitschaft nennt man „Heldentum". Heldentum und Kriegstechnik werden in der Nachkriegszeit zu Vorbildern. Sie werden nachgeahmt. Diese Nachahmung löst einen Effekt der Mikroevolution aus. Denn Technik und Heldentum führen durch Angriff und Heldentum dieselbe Umweltstörung „Feindverhalten" herbei, die sie durch den Sieg ausgleichen. Der Ablauf der Geschehnisse folgt dem bekannten Schema „Störung/Störungsausgleich". Es ist das Schema des Umweltverhaltens von lebenden Systemen. Die Umweltstörung des Krieges unterscheidet sich allerdings von der normalen Umweltstörung dadurch, dass Störung und Ausgleich von demselben System bewirkt werden.

Mit der Erzeugung einer Umweltstörung setzt sich ein System selbst unter Selektionsdruck. Krieg ist selbst erzeugter Selektionsdruck.

Was passiert, wenn eine innovative Technik siegreich einen Krieg beendet, der nicht stattfindet? Antwort: Es gab kein Umweltproblem, das durch die Technik gelöst wurde, denn es gab keinen Feindkontakt. Damit gab es keinen selbst erzeugten Selektionsdruck und keine heimkehrenden Veteranen als Vorbilder.

Aus einem nicht geführten, aber dennoch durch eine Technologie gewonnenen Krieg resultieren eine erfolgreiche Nachkriegstechnik ohne Selektionsdruck-Erfahrung und eine Nachkriegserholung ohne vorherige Ermüdung durch Stress.

Auch Voraussage-Theorien, die ihre kritische Enkulturierungsmenge erreichen, sind Ereignisse der Mikroevolution. Sie sagen eine Umweltveränderung voraus und lösen damit eine Reaktion auf die hypothetische Umweltveränderung aus. Face Popcorns Cocooning-Theorie sagte die paranoide Verunsicherung auf Amerikas Straßen voraus und bot zugleich mit dieser Voraussage die vorausgesagte Lösung des vorausgesagten Umweltproblems an: die Erzeugung von Geborgenheit.

Cocooning koinzidiert mit dem Sieg ohne Krieg und der Erholung ohne Stressermüdung. Sieg ohne Krieg und Erholung ohne Erschöpfung sind Ereignisse der Mikroevolution, herbeigeführt durch die paradoxalen Kausalitätsketten, die durch strategische Entscheidungen ausgelöst werden. Weil Ereignisse wie „Sieg ohne Krieg“ und „Erholung ohne Erschöpfung“ der Evolution angehören, kann man sie mit politischer Willensbildung weder herbeiführen noch vermeiden. Man kann sie nur durch paradoxales Verhalten triggern.

Paradoxal ist auch die Logik der Zukunftstheorien. Sie führen zu self-fullfilling-prophecy-Effekten, die ihrerseits paradoxale Kausalitätsketten auslösen. Die Cocooning-Anbieter wissen nicht, dass sie die Paradoxie der Erholung ohne Erschöpfung verstärken.

Kriegerphilosophen

Während sich die nicht erholungsbedürftige Kultur erholte schrieb Francis Fukuyama sein Buch „Das Ende der Geschichte".[19] Es ist ein Buch des Baldwin-Effekts. Der Baldwin-Effekt ist eine Feinjustierung des Darwinschen Modells.[20]

In Fukuyamas Buch fehlt der strategische Respekt vor den vorangegangenen Ereignissen. An die Stelle des in Nachkriegsphasen eigentlich angebrachten Urteils: „Wir sind noch einmal davongekommen" tritt eine philosophisch begründete Hybris. Nach einem realen Krieg wäre man gezwungen, Verluste und Erfolge gegeneinander auf-

19 Fukuyama, F. op. cit.

20 Weber B. H. and Depew D. J. (2003) *Evolution and Learning. The Baldwin Effect Reconsidered,* MIT Press, Cambridge Mass.

zurechnen. Man wäre gezwungen, die Feinde weiterhin zu fürchten und das Verhalten der Helden als vorbildlich zu betrachten. Nach einem nicht geführten, gewonnenen Krieg entwickelt sich die Dynamik der Mikroevolution unter totaler Abschirmung von Selektionsdruck. So ist es verständlich, dass Fukuyama die Feinde für Philosophen hält, und damit nicht einmal Unrecht hat.

Auch Fukuyamas Theorie ist eine Voraussage-Theorie. Sie verwendet das Modell der Hegel-Marxschen Dialektik, in dem vorausgesagt wird, der Kapitalismus erzeuge mit Notwendigkeit Klassenkampf. Dieser Klassenkampf werde durch den inneren Widerspruch des Kapitalismus entschieden. Daraus folge: Das ideologische System der Zukunft könne nur der Sozialismus sein.

Diese Voraussage einer dialektischen Philosophie wurde von Lenin und Stalin in eine geopolitische Militärdoktrin übertragen. Es entstanden zwei strategische Parteien, die durch den Eisernen Vorhang voneinander getrennt waren. Auf der einen Seite befand sich die sozialistische, auf der anderen Seite die kapitalistische Kriegspartei. Die philosophische Voraussage wurde für unwiderlegbar gehalten: Der Sozialismus musste siegen. Man konnte also warten. Es ergab sich die strategische Stasis des Kalten Krieges. Das Strategiekonzept dieses Krieges war reine Philosophie. Man musste nur durch Hochrüstung eine stabile Pattsituation erzeugen. Den Rest würde die Dialektik erledigen.

Wenn eine von beiden Parteien den eigenen Krieg „dialektisch“ nennt, wird auch die andere Kriegspartei notgedrungen zum Dialektiker. Sie wird durch Bedrohung in einen dialektischen Krieg gezwungen, selbst wenn sie die Dialektik als Erkenntnismethode ablehnt. Durch das Faktum der strategischen Feindschaft wurde dem kapitalistischen Westen das dialektische Voraussage-Schema aufgezwungen. Militärstrategische Feindschaft gegen die UDSSR wurde zur dialektischen These, von der vorausgesagt wurde, dass sie von der Antithese „innerer Widerspruch des Kapitalismus" besiegt, bzw., dialektisch ausgedrückt, „aufgehoben" würde.

Doch auch hier kam, gemäß den Gesetzen der paradoxalen Notwendigkeit, alles ganz anders. Der Krieg fand nicht statt und wurde trotzdem mit militärischen, nicht mit dialektischen Mitteln gewonnen.

Fukuyama blieb nach dem gewonnen Kalten Krieg bei der dialektischen Voraussage von vor dem Krieg. Zum dialektischen Endpunkt der Geschichte erklärte er jedoch nicht den sowjetischen Sozialismus, sondern den amerikanischen Kapitalismus.

Was war geschehen? Es gab eine Nachkriegszeit, die wahrscheinlich gekennzeichnet war vom Nachkriegsinstinkt. Dieser Instinkt erzeugte Erholung ohne Erholungsbedarf. Die Nachkriegszeit war ferner gekennzeichnet von einer erfolgreichen innovativen Kriegstechnologie, die jedoch keinerlei Erfahrung mit der Umwelt „Krieg" hatte. Nun kam eine Nachkriegsideologie dazu, die an die Stelle einer strategischen Realitätsanalyse eine philosophische Voraussage setzte und den eigenen Nachkriegszustand zum immerwährenden historischen Ruhezustand erklärte. Es wurde philosophisches Cocooning prognostiziert.

Der Kalte Krieg war ein heimtückischer Krieg. Jeder Krieg vermittelt eine Botschaft. Die Botschaft des Kalten Kriegs lautet: Hüte dich vor Kriegen, die von Philosophen geführt werden, denn in ihnen wird die Philosophie zur Kriegslist!

Baldwin-Effekt

Es wurde auf den vorangehenden Seiten behauptet, Fukuyamas Buch sei ein Buch des Baldwin-Effekts, und Baldwin-Effekte seien Feinjustierungen des Darwin-Modells. Was bedeutet das?

Baldwin-Effekte entstehen, wenn intergenerationale Evolutionsprozesse durch intragenerationales Lernen beeinflusst werden. Es gibt eine benigne und eine maligne Variante des Baldwin-Effekts. Die benigne Variante wird ausgelöst, wenn durch Selektionsdruck Lernen in Kombination mit angeborenen Eigenschaften zu Fitness-Vorteilen führt, und wenn diese Kombinationsresultate dann ins Genom eindringen, zu angeborenem oder partiell angeborenem Verhalten werden und dann nicht mehr neu gelernt werden müssen. Wenn zum Beispiel ein angeborenes Merkmal wie „lange Arme“ erst durch das Erlernen des Baketball-Spiels zu einem Fitness-Vorteil wird, und wenn dann Basketball-Spieler über Jahrhunderte bessere Reproduktions-Chancen haben, dann ist es wahrscheinlich, dass die Gene für lange Arme verstärkt an die nächsten Generationen übertragen werden. Sie sind dabei aber immer abhängig von der Bereitschaft, während der Kindheit das Basketball Spielen zu erlernen.[21]

Kognitive Module sind Beispiele für ehemals ontogenetisch Erlerntes das dann zum Instinkt wird.

Die maligne Variante des Baldwin-Effekts entsteht, wenn etwas zufällig aus dem Genom verschwindet, und das Fehlen nicht bemerkt wird, weil kein Selektionsdruck da ist. Das kann passieren, wenn eine erfolgreiche Umweltanpassung auf die Fähigkeit, Neues zu lernen, zurückzuführen ist, und wenn die Lernfähigkeit – nicht das Gelernte – genetisch übertragen werden muss. Dann geht bei einer langen Phase gleich bleibender Umwelt das durch Lernen erworbene erfolgreiche Anpassungsverhalten in den Bereich der Routinen über. Wenn es für lange Zeit keine Umweltveränderung gibt, gibt es keinen Selektionsdruck. Während dieser Zeit kann die Lernfähigkeit durch Zufall aus dem Genom verschwinden. Das Verschwinden bleibt unbemerkt, weil Lernfähigkeit wegen fehlenden Selektionsdrucks nicht gebraucht wird. Tritt dann eine plötzliche Umweltveränderung ein, gibt es nur noch die inzwischen untauglich gewordene Routine, denn die Fähigkeit, Neues zu lernen, ist abhanden gekommen. Es waren Erfolge entstanden, deren Grund man nicht mehr kannte.

21 Siehe: Mühlmann H. (1996) op. cit.

Wenn, wie in diesem Beispiel, das Gen „Lernfähigkeit" verschwindet und Erfolge sich allein durch Imitationsverhalten fortsetzen, dann hat man es mit „unbekannten" Erfolgen zu tun. Falls die Umwelt sich in einer derartigen Situation plötzlich verändert und neuen Selektionsdruck erzeugt, fehlt die ehemalige Fitness-Eigenschaft. Die Population verhält sich dann maladaptiv. Sie ist vom Aussterben bedroht.

In der Mikroevolution laufen derartige Prozesse innerhalb einer Generation ab, und an die Stelle der genetischen Übertragung tritt die Imitation.

Bei siegreichen Kriegen fallen die Erzeugung von Umweltveränderung, die damit verbundene Erzeugung von Selektionsdruck und die Lösung des Umweltproblems durch innovative Kriegstechnologie zusammen. Alles wird in Einem von einer siegreich attackierenden Kriegspartei bewirkt. Wenn diese drei Effekte alle in der Nachkriegszeit nachgeahmt werden, (1) das Erzeugen von Selektionsdruck durch Heldentum und der Fitnessgewinn durch (2) Heldentum und (3) Technik, kommt es zu einem beginnenden Baldwin-Effekt der Mikroevolution. Die Population verbessert ihre Chancen für den nächsten Krieg. Fällt der Selektionsdruck aus, kann es zu einem malignen Baldwin-Effekt kommen. Die Population tappt im Dunkeln.

Der Mikroevolutions-Takt wird dadurch ausgelöst, dass eine vorherige, durch Imitation entstandene Routine von Innovation abgelöst wird. Wenn eine Innovation, die nicht die Kontrolle durch Selektionsdruck durchlaufen hat, imitiert wird, gelangt eine Verhaltensroutine, die möglicherweise maladaptiv ist, in den kulturellen Selektionsprozess. Sobald Verhalten in die Imitationsdynamik eingeht, gelten die Gesetze der Evolution und Mikroevolution. Dieses Verhalten kann dann durch rationale und politische Einflüsse nur noch in geringem Umfang oder gar nicht kontrolliert werden.

Das Glücksgefühl der Nachkriegsphase bezieht sich auf die eigene erfolgreiche Technologie. Dieses Glücksgefühl soll sich eigentlich nur einstellen, wenn vorher Selektionsstress bewältigt worden ist. Das Glücksgefühl hat dann das Recht, sich in Sicherheit zu wähnen. Hat jedoch kein Selektionsstress stattgefunden, sind Glücksgefühl und Selektionsstress trügerisch.

Fukuyamas Botschaft lautete: Das neue Sicherheitsgefühl hat den Namen „Das Ende der Geschichte". Es gibt keine Feinde, die mit Strategie, Hinterlist und paradoxalem Verhalten operieren. Die Feinde sind Philosophen, die sich an die Regeln der Dialektik halten.

Postmoderne Infanterie

Wie sah die überlegene amerikanische Kriegstechnik aus? Es wurde bereits gesagt, dass es während der 1980er Jahre zunächst um die Verbesserung der Zielgenauigkeit von Artilleriewaffen ging. Diese Verbesserungen wurden ermöglicht durch den Einbau von Rechnern, die kartographische Informationen über die Kriegsschauplätze enthielten. Das Erzeugen und Übertragen dieser Informationen entwickelte sich während der 1990er Jahre in rasantem Tempo weiter. Es gab Satellitenbilder von Kriegsschauplätzen und Bilder, die von bemannten und unbemannten Aufklärungsflugzeugen aufgenommen waren. Die Bildinformationen hatten eine kartographische Genauigkeit, die größer war als die Genauigkeit der heute überall erhältlichen GPS-Navigationssysteme. Das kartographische Datenmaterial über Feindpositionen wurde über Satelliten ins Pentagon geleitet, dort in Echtzeit aufbereitet und in Echtzeit zum Kriegsschauplatz zurückgeschickt. Die Infanteriesoldaten verfügten über Cyberhelme, auf deren Display die so genannte „augmented reality“ erschien. Sie blickten in das sie umgebende Terrain und zugleich auf einen Bildschirm mit Informationen über die taktischen Positionen des Feindes. Die Infanteriesoldaten verfügten ferner über kleinere Flugdrohnen, die sie am Körper trugen und die sie auf Erkundungsflüge schicken konnten. Auf diese Weise erhielten sie Bilder von Gegenden des Schlachtfeldes, die sich hinter Sichtbarrieren verbargen. Die amerikanische Armee erreichte mit diesen Systemen einen Technologievorsprung, der von den anderen Armeen bis heute nicht aufgeholt werden kann. Selbst innerhalb der NATO waren die hoch entwickelten Cybersysteme der Amerikaner nicht mehr kompatibel mit den Aufklärungssystemen der anderen Nato-Partner.

Man sprach vom postmodernen amerikanischen Infanteriesoldaten.

Kaltes Kriegsergebnis

Resultate des Kalten Krieges waren zwei Baldwin-Effekte. Maligne Baldwin-Effekte entstehen, wenn es in Evolutions- oder Mikroevolutionsprozessen zu Erfolgen kommt, und wenn die Gründe für die Erfolge „unbekannt“ bleiben. „Bekannt“ werden können die Erfolgsgründe nur durch Selektionsdruck. Dann erinnert sich das emotionale Gedächtnis an Stressereignisse. Der Selektionsdruck und das damit verbundene emotionale Gedächtnis bilden die Realitätskontrolle eines Evolutionserfolgs.

Die zwei Baldwin-Effekte des Kalten Krieges waren erstens der Sieg durch eine „unbekannte“ Waffe. Die Cyberwaffe (Zielcomputer) war erfolgreich, ohne eine Schlacht gewonnen zu haben. Deshalb blieb sie im Sinne des Baldwin-Effekts „unbekannt“.

Der zweite Baldwin-Effekt bestand aus der Nachkriegserholung ohne Kriegsstress. Die Erholung hatte sich ohne den selbst erzeugten Selektionsdruck einer Kriegsattacke eingestellt. Dieser selbst erzeugte Selektionsdruck ist ein Ereignis der Mikroevolution. Nur durch Selektionsdruck entstehen Kognitionseffekte in Evolutionsprozessen.

Nachkriegserholung ohne Krieg ist Erfolg ohne Selektionsdruck. Erfolg ohne Selektionsdruck sei „wundersamer" Erfolg genannt.

Die Erholung wird vom Organismus „erkannt", wenn im Organismus Erinnerungen an vorangegangenen Stress gespeichert sind. Gibt es keine Spuren von Stress, ist die Erholung „unbekannt". Sie ist „wundersam".

Zu welchen paradoxalen Evolutionsphasen führt „wundersamer" Erfolg? Man scheint gefährlich zu leben, wenn man sich sagen muss: Ich habe Erfolg und weiß nicht warum. In früheren Zeiten hätte man bei solchen Gelegenheiten an das Wirken eines hinterlistigen Gottes geglaubt.

Das Modell des malignen Baldwin-Effekts hilft dabei, zu erklären, was mit dem Begriff „Paradoxie" im Zusammenhang mit Evolutionsdynamiken gemeint ist. Da gibt es zunächst nur eine harmlose Zukunftstheorie von Geschäftsleuten. Der Cocooning-Trend wird vorausgesagt. Dann kommen die Paradoxien der Evolution ins Spiel, die durch Zufälle entstehen. Zufällig koinzidiert der Cocooning-Trend mit zwei malignen Baldwin-Effekten: (1) der Nachkriegserholung ohne vorherigen Stress und ohne den damit verbundenen Selektionsdruck; (2) dem Sieg durch eine Waffe ohne Kampfeinsatz. Das Cocooning wird zum Supercocooning.

Es bleibt spannend! Welches paradoxale Schicksal wird die Evolution dem Supercocooning bescheren?

Weltwirtschaftskrieg

Edward N. Luttwak vom „Zentrum für strategische Studien", Washington, ist Militärtheoretiker. Sein Buch „The Logic of War and Peace" gilt in Fachkreisen als das strategische Handbuch des Kalten Krieges.[22] Luttwak beschreibt darin das Gleichgewichtssystem, das für lange Zeit den Kalten Krieg zu einem stabilen System der Drohkulissen gemacht hatte. Diese Stabilität resultierte aus einem Balanceverhältnis der Feuerkraft. Die Feuerkraft wurde berechnet aus der Mannschaftsstärke der Infanterietruppen, aus der Menge der Artilleriewaffen und Panzer, der Menge der Flugzeuge und aus der Menge der taktischen und strategischen Nuklearwaffen.

Für viele Intellektuelle war Luttwaks Buch eine erste Begegnung mit einem Zweig der Literatur, über den man an den Universitäten nichts erfährt, über den man sich nur in den Bibliotheken der Militärakademien informieren kann. Die Rede ist von der Strategieliteratur. Sie ist in allen Kulturen und zu allen Zeiten reichlich vorhan-

---

22 Luttwak, N. E., (1987) op. cit.

den. Viele Luttwak-Leser erfuhren zum ersten Mal etwas über die Weisheit der Strategen. Sie lernten Sprichwörter kennen wie das berühmte „Si vis pacem, para bellum!" („Wenn du den Frieden willst, bereite den Krieg vor!"). Sie machten sich vertraut mit Autorennamen wie Vegecius, Sun Tse und Aeneas „der Stratege". Selbst Clausewitz, von dem man eigentlich immer nur abfällig gesprochen hatte, wurde nun mit fast philosophischem Interesse gelesen.

So war es ganz natürlich, dass nach dem Ende des Kalten Krieges alle auf den neuen „Luttwak" warteten. Man fragte sich, wie sieht aus der Sicht des großen Strategietheoretikers die neue Militärdoktrin aus, nachdem der Ost-Westkonflikt verschwunden ist. Doch Luttwak schrieb kein neues Buch über Krieg mit Waffen. Er schrieb ein Buch über Krieg mit Geld. Sein neues Buch hatte in der deutschen Übersetzung den Titel „Weltwirtschaftskrieg".

Luttwak prägte den neuen Begriff „Geoökonomie". Geoökonomische Operationen verfolgen keine wirtschaftlichen Ziele im hergebrachten Sinn. In der normalen Wirtschaft geht es primär um wirtschaftlichen, nicht um politischen Nutzen. Wirtschaftlicher Nutzen wird durch Produzieren, Kaufen und Verkaufen erzielt. In diesem Sinne sind die verfolgten Ziele stets konstruktiv. Sie versprechen immer einen Vorteil, sei es durch die Entwicklung eines verbesserten technischen Produkts, sei es durch den Kauf dieses Produkts, sei es durch den Gewinn, der durch den Verkauf erzielt wird.

In der Geoökonomie sind alle Ziele destruktiv. Durch vom Staat eingeführte Schutzzölle und Subventionen sollen die Wirtschaftssysteme anderer Staaten geschwächt oder zerstört werden. Schutzzölle boykottieren die Exporte der Anderen. Mit Hilfe von staatlichen Subventionen werden auf billige Weise Güter hergestellt, die nicht mehr innovativ und damit nicht mehr wettbewerbsfähig sind. Sie werden zu Dumping-Preisen in die Märkte anderer Staaten eingeschleust, um die dort ansässigen Firmen zu schwächen oder in den Bankrott zu treiben. Denn die unterlegenen Firmen bedienen sich einer rückständigen Technologie. Sie wären aber durch ihre niedrigen Kosten und durch die niedrigen Preise ihrer Produkte eigentlich noch wettbewerbsfähig.

In diesem Zusammenhang prägt Luttwak den Begriff: „Finanzkapital als Feuerkraft".

In einem Interview mit der französischen Tageszeitung „Le Monde" nannte Luttwak militärische Kriege „beliebig".[23] Sie seien „beliebig", weil sie keine Vorteile einbrächten. Die einzigen Kriege, die noch nützlich wären, seien geoökonomische Wirtschaftskriege.

Welche Vorteile sollten durch Wirtschaftskriege erreicht werden? Durch den Einsatz von staatlich verfügbarem Finanzkapital sollten andere Volkswirtschaften partiell zerstört werden, damit Produkte, die von schlecht ausgebildeten Arbeitskräften hergestellt werden, von den

23 Siehe „Le Monde", 5.6.1995.

schlecht Ausgebildeten im eigenen Land hergestellt werden können und nicht zu niedrigen Preisen aus Billigländern importiert werden. Mit den billig produzierenden Konkurrenten waren im Jahr 1993 vor allem die aufstrebenden asiatischen Staaten gemeint.

Das Ziel der Wirtschaftskrieg-Doktrin war ein kulturelles. Es ging um die Integration der schlecht ausgebildeten Bevölkerung im eigenen Land. Das war gemeint mit der Losung: Es muss verhindert werden, dass die USA ein Dritte-Welt-Land werden.

Die Doktrin des Weltwirtschaftskriegs mag auf den ersten Blick an Aloys Schumpeters Theorie von der „schöpferischen Zerstörung“ erinnern. Doch dieser Eindruck täuscht. An Luttwaks Theorie fällt auf, dass wirtschaftliche Mittel tatsächlich nur eingesetzt werden sollen, um einerseits zu zerstören und um andererseits veraltete Produktionssysteme zu erhalten, und zwar gegen die Regeln des Marktes und des Freihandels. Denn es sollen Menschen, deren Qualifikation nicht dem Standard entspricht, in Produktionsprozessen beschäftigt werden, in denen Güter erzeugt werden, die eigentlich nicht mehr konkurrenzfähig sind.

Schumpeters „schöpferische Zerstörung“ bedeutet das genaue Gegenteil. Seine Theorie beschreibt den Prozess der wirtschaftlichen Innovation, der in gewissem Sinne ein darwinscher Evolutionsprozess ist. In ihm werden veraltete Produktions- und Distributionsmethoden durch Innovation ihrer Konkurrenzfähigkeit beraubt. Das führt zum Verschwinden der Nachfrage für ganze Industriezweige.[24] Diese Industriezweige sterben dann aus. Deshalb wäre es eher zutreffend, Schumpeters Theorie nicht „creative destruction“ („schöpferische Zerstörung“) sondern „inventive extinction“ („Aussterben durch Erfindung“) zu nennen. Denn Schumpeter beschreibt nicht das Phänomen der Destruktion sondern das Phänomen der Extinktion, des Aussterbens.

Schumpeters „creative destruction“ bezieht sich auf den Innovationsprozess, der das Problem erzeugt, das durch Weltwirtschaftskrieg gelöst werden soll.

Paranoia

„Wundersamer“ Kriegserfolg nach einem nicht geführten Krieg scheint nicht geheuer zu sein. Und ein Weltwirtschaftskrieg ohne Waffen! Darauf sind die kulturellen Instinkte noch nicht vorbereitet. Deshalb konnte es so nicht weitergehen. 1994 folgte die nächste Zukunftstheorie. Sie hatte den Namen „The Clash of Civilisations“.[25] Damit begann eine Entwicklung, in der soziologisches, ideo-

24 Zum Phänomen der endogenen Wirtschaftsinnovation siehe: Aghion P. and P. Howitt (1998) *Endogenous Growth Theory,* MIT Press, Cambridge Mass./London.

25 Siehe: Huntington, op. cit.

logisches und sozialphilosophisches Denken mehr und mehr von kulturtheoretischem Denken abgelöst wurde. Kulturtheorien waren plötzlich nicht nur nachträgliche Beschreibungen. Sie machten antizipatorische Aussagen und gewannen self-fullfilling-prophecy-Qualitäten.

Der Begriff „civilisation" bedeutet bei Huntington nur: „Kultur der maximalen Größenordnung". „Culture" ist in diesem Begriffsverständnis eine quantitative Untereinheit von „civilisation". „Civilisation" ist die kulturelle Größenordnung, die gerade noch Unterscheidungsmerkmale zu anderen „civilisations" erkennen lässt. Darüber gäbe es nur noch eine Kultur der ganzen Welt, und auf diesem Level würde der Kulturbegriff keinen Sinn ergeben, weil kein Vergleich mit anderen Kulturen möglich wäre. „Kultur" (civilisation) ist ein relativistischer Begriff.

Der Zivilisationsbegriff, den Huntington verwendet, hat nichts gemeinsam mit der Unterscheidung zwischen Kultur und Zivilisation, wie sie in Kontinentaleuropa und besonders in Deutschland üblich ist. Bei uns neigt man dazu, unter Zivilisation das Gesamtsystem von technischer, politischer und rechtlicher Organisation zu verstehen. In dieser Sicht ist Kultur ein Bereich, der die Zivilisation transzendiert. Zu ihm gehören vor allem Kunst und Philosophie.

Huntington sprach in seinem Essay unter anderem von den Großkulturen des ostasiatischen Raums, des osteuropäischen, afrikanischen und euroamerikanischen Raums. Er sagte voraus, dass es Konflikte zwischen großen Kulturen wie z.B. dem Konfuzianismus, dem Islam und der Westlichen Kultur geben werde. Er begründete seine Voraussage mit dem Hinweis auf Unverträglichkeiten zwischen den Kulturen. Als weiteren Grund gab er das Verschwinden der ideologischen Konflikte an. Der Kalte Krieg sei der letzte ideologische Konflikt gewesen. Mit seinem Ende entstehe eine Lücke, in die der kulturelle Konflikt eindringe. Die Grundlage von Huntingtons Voraussage war wohl die schlichte Überzeugung, der Krieg könne nicht aus der Welt verschwinden.

Diese Grundannahme hat eine lange Tradition. Von ihr gibt es eine verschärfte Variante. Sie lautet: Kriege müssen stattfinden, denn ohne die Periodizität von Kriegen degenerieren die Menschen. Ohne Kriege frönen die Menschen einem hedonistischen Leben. Sie werden gierig und lasterhaft. Nur die Not, die von den Zerstörungen der Kriege hervorgerufen wird, bringt die Menschen dazu, tugendhaft zu handeln. Der Krieg fördert die edlen Eigenschaften der Menschen zu Tage.

Anhänger dieser Lehre waren unter vielen anderen Macchiavelli, Rousseau und der umstrittene Staatsrechtler Carl Schmitt.[26]

Huntington sagte 1994 voraus, dass ein zukünftiger Konflikt zwischen dem Islam und der Westlichen Kultur am wahrscheinlichsten sei. Er benutzte bewusst zwei kategorial unterschiedliche Kulturbegriffe. Die eine Kultur

26 Macchiavelli, N. *Istorie fiorentine,* G.S. Bd. 4, S. 269; Rousseau, J. J. *Fragments,* XVI 9; Schmitt, C. (1932) *Der Begriff des Politischen,* v. Duncker u. Humblot, Leipzig.

benannte er nach ihrer Religion und insinuierte damit die Vorstellung von kultureller Homogenität. Die andere benannte er nach ihrer geographischen Lage und erklärte sinngemäß, diese Kultur könne man nur mit Hilfe eines komplexen Konsensmodells charakterisieren.

Huntingtons Voraussage wurde damals in Deutschland von den meisten Politikern, Journalisten, Intellektuellen und Universitätsprofessoren angezweifelt. Man hielt sie für paranoid. Und man kritisierte die Erkenntnismethode, die von der damals in Deutschland üblichen kritischen Sozialtheorie abwich und sich stattdessen auf einen Kulturbegriff stützte.

MSC

1996 erschien die MSC-Theorie. MSC bedeutet: „maximal stress cooperation". [27]

Die MSC-Theorie ist die Darwinsche Variante in der Variation der Zukunftstheorien. Das bedeutet: Die Voraussagen sind aus dem darwinschen Modell abgeleitet, denn sie

27 Mühlmann, H. (1996) op. cit.

stützen sich auf die Beobachtung, dass die beschriebenen MSC-Ereignisse auf genetisch oder kulturell übertragene Merkmale der Evolution zurückzuführen sind.

Das Buch, in dem das MSC-Modell vorgestellt wurde, hat den Titel „Die Natur der Kulturen. Entwurf einer kulturgenetischen Theorie". Der Kulturbegriff, der hier benutzt wird, stellt Kulturen als darwinsche Evolutionsdynamiken dar.

Die eigentliche MSC-Theorie besteht aus zwei Thesen. Die erste beschreibt Kulturen als polarisierte Systeme, die aus einer aggressiven Außenseite und einer beschützten Innenseite bestehen. Dabei wird die aggressive Außenseite von der Kultur selbst als überlebenswichtig bewertet. Ihr wird in der Selbstevaluation das Prädikat „high ranking" gegeben. Die geschützte Innenseite wird als angenehm und behaglich eingestuft. Sie erhält das Prädikat „low ranking".

Die zweite These behauptet, Kulturen evolvierten in Oszillationsdynamiken. Die Oszillationen bestünden aus alternierenden Folgen von Phasen der „maximal stress cooperation" und von Phasen der Relaxation und Neubewertung.

These 1 und 2 bilden ein raum-zeitliches Verschränkungsmuster. Was räumlich als Sphäre mit einer Stress erzeugenden Außenseite und einer Relaxation erzeugenden Innenseite erscheint, manifestiert sich in der Zeitdimension als Folge von Stressverhalten und Relaxationsverhalten. Die high ranking-, low ranking-Polarisierung hat somit eine Raumstruktur und eine Zeitstruktur.

Die MSC-Aktivität ist ein Verhalten, das an der aggressiven Außenseite stattfindet. Die Neubewertung während der Relaxationsphase bezieht sich auf das gesamte Außen- und Innenverhalten. Das kulturelle Gesamtverhalten wird in der Relaxationsphase mit neuen Ranking-Bewertungen versehen.

Der in der MSC-Theorie benutzte Kulturbegriff beschreibt Kulturen als darwinsche Evolutionsdynamiken. Dabei handelt es sich um Transmissionsdynamiken, in denen die bereits erwähnten Enkulturierungseinheiten übertragen werden. Die Enkulturierungseinheiten sind für die kulturelle Evolution das, was die Gene für die genetische Evolution sind. Die Menge aller in Kulturen möglichen Enkulturierungseinheiten entspricht der Menge aller in Kulturen mit Regeln beschreibbaren Techniken, Ritualen und Verhaltensroutinen.

Diese Menge wird durch die MSC-Erfahrung einem Ordnungsschema unterworfen. MSC, „maximal stress cooperation", ist das Verhalten, das Kulturpopulationen in Kriegen an den Tag legen. Die Stressphysiologie spielt dabei die entscheidende Rolle.

Stressaktionen laufen in den bereits erwähnten zwei aufeinander folgenden Phasen ab. Die erste Phase besteht aus der eigentlichen Stressaktion. Dabei werden alle Energiereserven des Organismus in die Bereiche gelenkt, die dem Angriff oder der Flucht dienen. Durch diese Schwerpunktbildung werden andere Organismusbereiche vorübergehend geschwächt, z.B. die Immunkompetenz und die Produktion des Sexualhormons Testosteron.

Der durch die Stressaktion erzielte subjektive Erfolg hängt allein von der Relaxationsphase ab. Während dieser Phase werden die temporär geschwächten Organismusbereiche in den Normalzustand zurückversetzt. Es kann vorkommen, dass nach einem Stresserfolg die zeitweise geschwächten Bereiche gesünder sind als vorher.

Zu den verblüffenden Eigenschaften der Stressphysiologie gehört der Umstand, dass der Stresserfolg allein von der nachträglichen, subjektiven Bewertung der Individuen abhängt, und dass dabei mögliche physische Schäden, die der Organismus beim Kampf davongetragen hat, keine Rolle spielen. Jemand, der von einem Stärkeren zur Flucht gezwungen wurde, kann sich z.B. einreden, in der Flucht liege die wahre Stärke. Eine in einem Krieg besiegte Nation kann sich einreden, sie sei der eigentliche Sieger und die Niederlage sei auf Verrat zurückzuführen.

Die MSC-Theorie überträgt die Stressphysiologie mit ihrer Bewertungsphase als Beschreibungsmodell auf Krieg führende Kulturen. Während der Bewertungsphase erfolgt eine Neueinstellung der Regeln oder anders ausgedrückt: Es erfolgt eine Neubewertung der Enkulturierungseinheiten. Diese Neuorientierung wird „Regeleinstellung" (rule adjustment), Ranking-Erkennung, oder, mit einem traditionellen Begriff, „decorum" genannt. Es entsteht das Phänomen „Nachkriegs-decorum".[28]

---

28 Sloterdijk, P. op. cit.

Auf die Relaxation folgt die Phase „Iteration". Das Iterationskapitel im Buch „Die Natur der Kulturen" enthält die eigentlich Voraussageleistung der MSC-Theorie. Es wird behauptet, die Sequenz, die aus maximaler Stresskooperation und nachfolgender Neujustierung der Regeleinstellung besteht, sei eine iterative Dynamik. Das bedeute, auf jedes MSC-Ereignis folge eine neue Regeleinstellung, der folge ein neues MSC-Ereignis, darauf eine neue Regeleinstellung, und so gehe es weiter. Die Iterationsthese sagt voraus, dass Kulturen entweder von real existierenden äußeren Stressoren attackiert werden oder auf paranoide Weise Stressoren endogen erzeugen. Das Wort „Stressor" kann in diesem Zusammenhang durch das Wort „Feind" ersetzt werden.

Die Regeleinstellung wird als polarisiertes System beschrieben, das vom Prinzip des Regel-ranking bestimmt wird. Es gibt high-ranking-Regeln. Da Regeln als Enkulturierungsmerkmale fungieren, kann man auch von „high-ranking-Enkulturierungsmerkmalen" sprechen. Neben ihnen gibt es die „low-ranking-Enkulturierungsmerkmale".

Das jeweilige ranking-System ist die Basis der kulturellen Konstitution. Im Kern sagt die MSC-Theorie voraus: Auf jedes MSC-Ereignis folgt eine Modifikation der kulturellen Konstitution. Im Zentrum der kulturellen Organisation steht das MSC-Prinzip. Das MSC-Prinzip ist die „Natur der Kulturen".

Die wichtigste Botschaft der MSC-Theorie ist die Verschränkungsthese. Sie behauptet, äußerer Stress und innere Relaxation, bzw. Stress und darauf folgende Relaxation seien Teile eines untrennbaren Ganzen. Das Ganze scheitere, sobald einer der Teile scheitert. Mit anderen Worten: Krieg und Cocooning sind zwei Seiten einer Medaille. Diese Medaille ist wertlos, sobald eine ihrer Seiten beschädigt wird.

Die Perpetualität der Stress-Relaxations-Kette wird begründet durch die Tatsache, dass es sich um Phänomene handelt, die durch Evolutionsprozesse übertragen werden. Man kann sie durch politische Willensentscheidungen gar nicht oder nur indirekt beeinflussen. Man kann die Unausweichlichkeit dieser Ereignisketten nicht zerstören. Man kann vielleicht durch Manipulation der Evolutionsdynamik bewirken, dass sie aussterben.

Kriegsrhetorik

Im Jahr 2001 veröffentlichte der amerikanische Militärhistoriker und Altphilologe Victor Davies Hanson seinen Essayband „An Autumn of War". Er hatte die Essays vorher für verschiedene amerikanische Zeitschriften geschrieben. Der Titel „Herbst des Krieges" bezieht sich auf den Herbst des Monats September 2001.[29]

---

29 Hanson V. D. op. cit.

Die Essays enthalten keine Voraussagen über die Zukunft. Sie sind rhetorische Schriften, die zur Zukunftsgestaltung durch Krieg überreden.

Die Texte von Hanson gehörten zur bevorzugten Lektüre der Bush-Administration. Hanson war so etwas wie ein amerikanischer Demostenes. Zur Erinnerung: Demostenes war der griechische Redner, der die Griechen zur Zeit des Niedergangs der hellenischen Polis-Kultur vor dem Machtzuwachs des mazedonischen Reichs warnte. Demostenes rief zum Krieg gegen Philipp von Mazedonien auf. Philipp war der Vater von Alexander dem Grossen. Weil die Kampfreden des Demostenes gegen Philipp gerichtet waren, nannte man sie „Philippica".

Hanson arbeitete implizit mit dem Begriff „Wir, die Westliche Kultur". Er argumentierte folgendermaßen: Wir, die Amerikaner sind die militärische Spitze der ganzen Westlichen Kultur. Unsere Kultur reicht zurück bis zur Zeit der Griechen. Wir waren immer unbesiegbar, wenn wir gegen nicht westliche Kulturen kämpften. Das haben die Griechen im Krieg gegen die Perser gezeigt. Wir waren immer besiegbar, wenn wir gegen die Angehörigen unserer eigenen Kultur kämpften. Das haben die peloponnesischen Kriege gezeigt, in denen Griechen gegen Griechen kämpften. Das Resultat war der Zerfall der hellenischen Polis-Kultur.

Hanson forderte die Amerikaner auf, zu handeln wie die Griechen im Kampf gegen die Perser. Er forderte sie auf, gegen die neuen Feinde zu kämpfen, die Feinde, die sich in den Terroranschlägen vom 11. September gezeigt hatten, und deren Stützpunkte man im Irak und in Afghanistan vermutete. Die „Philippica“ des Victor Davies Hanson glaubten noch an die Möglichkeit, die neuen Feinde in einem regulären Krieg zwischen Nationalstaaten besiegen zu können.

Hansons „Philippica“ waren erfolgreich im Sinne des paradoxalen Erfolgs. Die USA zogen in den Krieg. Doch der Krieg hatte einen Innenraum, und der hieß „Cocooning“. Was wurde aus dem Krieg mit seinem Cocooning? Es wurde ein Prozess der Mikroevolution angestoßen, der die USA irreversibel veränderte und die Geopolitik der USA an ihr Limit führte.

Nachkriegsverfassungen

Im Jahr 2002 erschien Philip Bobbitts Buch „Der Schild des Achilles“. Es sagte voraus, dass die Verfassungen der Staaten einem Veränderungsprozess unterworfen würden.[30]

Zunächst führt Bobbitt den neuen Begriff „der Lange Krieg“ ein. Wie bereits erwähnt, werden die drei Kriege des 20ten Jahrhunderts als ein großer Krieg beschrieben.

---

30 Bobbitt, P. op. cit.

Die drei Kriege sind der Erste Weltkrieg, der Zweite Weltkrieg und der Kalte Krieg. Bobbitt sagt, im Langen Krieg hätten drei Ideologien um die Vorherrschaft über die Nationalstaaten gekämpft: die faschistische, die kommunistische und die kapitalistisch-demokratische Ideologie. Die kapitalistisch-demokratische Ideologie habe mit ihrem Sieg nach dem Kalten Krieg den Gesamtsieg des Langen Kriegs errungen.

Bobbitt sagt weiter: Jede Nachkriegszeit bringt eine modifizierte Verfassung (constitution) hervor, und die Technologie, die den jeweils letzten Krieg gewonnen hat, beeinflusst den Veränderungsprozess, der zur nächsten revidierten Verfassung führt. Die Technologie, die den Langen Krieg gewonnen hat, wird die Technologie sein, die den Modifikationsprozess der konstitutionellen Ordnung (Verfassung) bewirkt. Die Technologie, die den Langen Krieg entschieden hat, war die Cybersphäre. Folglich wird die Cybersphäre die konstitutionellen Ordnungen verändern. Dieser Prozess, der im Jahr 2002 bereits begonnen hat, wird sich fortsetzen.

Wie verändert die Cybersphäre laut Bobbitt die konstitutionellen Ordnungen? Sie unterläuft die Territorialgrenzen der Nationalstaaten durch das Internet. Staaten können nur noch in geringem Umfang mit Hilfe von Gesetzen und Grenzkontrollen die inneren Märkte beeinflussen. Das gilt für die Waren-, Dienstleistungs- und Arbeitsmärkte ebenso wie für die Finanzmärkte. Die Finanzmärkte werden zu globalen Cybermärkten mutieren. Heute wissen wir sogar, dass sie sich mit Hilfe der

Schnelligkeit des Internet in globale Glückspielmärkte verwandelt haben.

Bobbitts Schlussfolgerung lautet folgendermaßen: Das Ende des Langen Krieges leitet das Ende des Nationalstaats ein. Der Nationalstaat wird abgelöst vom „market state". Den Unterschied zwischen Nationalstaat und „market state" kann man folgendermaßen charakterisieren: Der Nationalstaat versuchte durch seine Verfassung Werte durchzusetzen, zum Beispiel konservative Werte wie Förderung der Familie oder sozialpolitische Werte wie gerechte Verteilung des Reichtums. Der „market state" ersetzt in zunehmendem Maß Regelungen des öffentlichen Rechts durch privates Vertragsrecht. Sein wichtigstes Ziel ist nicht die Umsetzung von Werten sondern die Steigerung der Konkurrenzfähigkeit auf dem globalen Markt.

Bilanziert stellt sich das Voraussagepotential von Bobbitts Theorie so dar: Die Entwicklung vom Nationalstaat zum „market state" wird aus einer Analyse der Vergangenheit abgeleitet. Es handelt sich dabei um eine Zusammenfassung der politischen Veränderungen unter Ronald Reagan und Margret Thatcher. Die Voraussage besteht dann aus einer Extrapolation dieser Entwicklung. Es wird behauptet: Diese Entwicklung wird sich fortsetzen.

Auch die Voraussage, die siegreiche Technologie des letzten Krieges beeinflusse die Nachkriegs-Modifikationen an den Verfassungen wird durch die Analyse der Nachkriegszeit des Langen Krieges gewonnen.

Dasselbe gilt für Bobbitts dritte Voraussage. Sie lautet: Der Veränderungsprozess, der eine modifizierte Verfassung herbeiführt, erzeugt die Feinde der neuen Verfassung. Die neuen Feinde sind die Anhänger der alten Werte. Die Voraussage der neuen Feindschaften wird aus der nachträglichen Analyse des Terroranschlags vom 11. September 2001 gewonnen. Bobbitts Buch erschien im Jahr 2002.

Auch bei der Entstehung der neuen Feinde spielt die siegreiche Technologie des Langen Krieges eine entscheidende Rolle. Die Cybersphäre bildet den logistischen Organisationsraum und den taktischen Aufmarschraum für die Terroristen. Sie bedienen sich einer Taktik, die in den Militärakademien „swarming" genannt wird.[31] Guerilla-Kriege und U-Boot-Kriege sind mit der „swarming"-Taktik geführt worden. Dabei tauchen die Angreifer überraschend aus einem Hinterhalt auf, attackieren und verschwinden sofort danach. Die Terroristen des 11. September formierten sich in der Cybersphäre, sprich: im Internet, und drangen erst im Augenblick des Operationsbeginns in den Realraum ein. Erst bei Operationsbeginn wurden sie für sich selbst und für andere als reale Gruppe erkennbar.

Bobbitt nennt diese Form des Terrorismus den „Krieg des market state".

31 Siehe: Arquilla, J. und Ronfeldt, D. (2000) *Swarming and the Future of Conflict,* RAND / National Defense Institute.

Cocooningfront

Die MSC-Theorie sagt voraus, Außenstress und inneres Cocooning seien untrennbare Teile eines Ganzen. Deshalb führten Störungen im einen Teil mit Notwendigkeit zu Störungen im anderen Teil. Wenn das Cocooning beeinträchtigt werde, ergäben sich zwangsläufig Beeinträchtigungen im aggressiven Außenverhalten. Die wechselseitige Abhängigkeit von Gemütlichkeit und Aggression werde umso größer, je aggressiver eine Kultur im Außenraum auftrete.

Die Voraussage der Cocooning-Theorie stimmt mit der Entwicklung der inneren Gemütlichkeit in der Westlichen Kultur und vor allem in den USA überein. Es wurden viele Eigenheime gebaut und verkauft. Immer mehr Amerikaner wurden Besitzer eines Hauses. Die typischen amerikanischen Eigenheime stehen in einem umzäunten Garten. Man kann um sie herumgehen und sie von allen Seiten betrachten. Das wichtigste Enkulturierungsmoment ist dabei der Gedanke: „Dieses Haus gehört mir". Das Anmieten von Wohnraum ist verpönt.

Die Hauskäufe wurden mit Krediten finanziert. Die Umsätze in den Bereichen Hausverkauf und Immobiliendarlehen erreichten nach dem 11. September 2001 ihren Höhepunkt. Die Banken wurden von der Regierung gedrängt, möglichst viele Kredite für Wohneigentum zu vergeben. Dabei wurde es begrüßt, dass die Banken auf Sicherheiten verzichteten. Dadurch unterschied sich die amerikanische von der europäischen Kreditvergabe.

Nach dem Schock des 11. September hielt G.W. Bush eine Rede, in der er den Amerikanern zurief: „Go shopping!" Eigenheim-Cocooning und shopping-Relaxation sollten die Amerikaner nach dem Schock des 11. September in die Normalität zurückführen.

Während der Jahre 2006 und 2007 stellte sich heraus, dass eine immens große Anzahl von neuen Hausbesitzern überschuldet war. Die Kredite konnten nicht zurückgezahlt werden. Die Häuser fielen in den Besitz der Banken. Es kam zu einem Überangebot. Die Immobilienpreise fielen. Die als Hausbesitzer Enkulturierten mussten sich Mietwohnungen suchen und erlitten einen Kulturschock.

Das Bewohnen eines eigenen Hauses entspricht der Cocooning-Enkulturierung. Zwangsräumungen entsprechen einer Zerstörung des Cocooning-Effekts.

Die Voraussage „Ende der Geschichte" entsprach der Enkulturierungsdynamik „Absolutsetzung der eigenen militärischen Überlegenheit". Die Überlegenheitsannahme wurde für den Zielpunkt der historischen Entwicklung gehalten.

In einer Kultur mit einer militärstrategischen Unangreifbarkeitsdoktrin erschien dann die Voraussage Nr. 4. Huntington beschrieb die USA als Teil der Westlichen

Kultur und sagte voraus: Wir, die Westliche Kultur werden gegen den Islam Krieg führen müssen.

Am 11. September 2001 begann der „Krieg“ gegen den „Islam“. Doch der „Islam“ attackierte nicht frontal. Es gab keine Kriegserklärung. Der Krieg kam nicht durch die offene Tür des Janustempels. Er kam durch die Türritzen. Und es war auch nicht der Islam, der angriff. Es war eine terroristische Minderheit. Es handelte sich um einen „Islam“ in Anführungszeichen.

Auf den 11. September folgte eine paranoide Verunsicherung der Amerikaner. Und es folgten die Aktivitäten der homeland security mit ihrem „5 codes“-Warnsystem: „code red = akute Terrorattacke“; „code orange = Terrorattacke steht unmittelbar bevor, Vorsicht in öffentlichen Räumen!“, „code yellow = etwas Gefahr, etwas Entwarnung“, „code blue = vorwiegend keine Gefahr, aber wirkliche Sicherheit gibt es nie“, „code green = totale Sicherheit, jedoch eine Utopie wie Arkadien, das erträumte Land der Schäfer, der Schäferinnen und der Liebe: die Utopie des absoluten „cocooning“.[32]

Die Zeit der Einführung der „5 codes“ war die Zeit des Immobilienbooms und der frenetischen Kreditvergabe. Die nicht abgesicherte Kreditvergabe für Eigenheime wurde von der Bush-Regierung forciert. Man könnte von

32 Siehe dazu: Trüby S. (2006) *5 Codes. Architecture, Paranoia and Risk in Times of Terror*, Birkhäuser, Basel-Boston.

sozialistischem Eigenheimbau in der Tarnung der kapitalistischen Kreditwirtschaft sprechen.

Voraussage Nr. 6: V.D. Hanson sagt voraus: „Wir“, die westliche Kultur werden immer stark sein, wenn wir Krieg gegen andere Kulturen führen. Deshalb werden wir unsere Stärke unter Beweis stellen, wenn wir jetzt, nach dem 11. September 2001, gegen die andere Kultur „Islamismus“ Krieg führen.

Hanson hatte mit seiner Kriegsrhetorik Erfolg. Erfolg bedeutet nur: Stimmt mit den nachfolgenden Ereignissen überein. Die USA begannen tatsächlich einen Krieg gegen den Irak. Hansons Rhetorik stimmte mit den antizipierenden Annahmen der Bush-Administration überein.

Wenn wir einmal unterstellen, dass sie alle, Hanson, Bush, Wolfowitz, Cheney und Rumsfeld, davon überzeugt waren, dass „wir“, die westliche Kultur immer am erfolgreichsten sind, wenn wir gegen nicht westliche Feinde kämpfen, dann haben sie sich alle geirrt. Die Amerikaner waren erfolgreich, als sie gegen „uns“, die Angehörigen der Westlichen Kultur kämpften. Sie waren erfolgreich und ruhmreich, als sie gegen uns Deutsche kämpften. Wir, die Deutschen verdanken den Amerikanern unsere Umerziehung durch eine Niederlage, die schmachvoll war, weil durch sie unsere Kriegsverbrechen bekannt wurden.

Nach dem Erfolg des Zweiten Weltkriegs begann für die USA der Aufstieg zur Supermacht. Es war der Krieg gegen „uns“, der erfolgreich war. Die dann folgenden Kriege gegen die „Anderen“ waren alle erfolglos: Korea, Vietnam, Irak, Afghanistan.

Im Irak-Krieg wurde versucht, aus dem Kampf gegen den Terror einen erklärten Krieg gegen einen richtigen Staat zu machen.

Voraussage Nr. 7 ist am interessantesten, weil ihre vorausgesagte Zukunft noch nicht vergangen ist. Philip Bobbitt beschreibt das Ende des Kalten Krieges als Ende des Langen Krieges. Im Langen Krieg hätten mehrere Ideologien um die Vorherrschaft über die Nationalstaaten gekämpft. Die Kriegstechnologie, die den Langen Krieg beendet habe, die Cybersphäre, habe Modifikationen an den Verfassungen bewirkt. Siegreiche Kriegstechnologien würden immer nachfolgende Verfassungsänderungen bewirken.

Hier findet sich eine Übereinstimmung mit der darwinistischen MSC-Theorie. Letztere sagt voraus, auf jedes MSC-Ereignis folge eine Relaxationsphase mit einer Neubewertung der kulturellen Regeleinstellung.

Nun ist es aber zur Finanzkrise von 2007/2008 gekommen. Die cocooning-Kredite sind geplatzt. Die für eine Krieg führende Kultur unverzichtbare innere Gemütlichkeit ist zum größten Teil vernichtet worden.

Die MSC-Theorie sagt voraus: Ist die innere Relaxationsgemütlichkeit verloren, dann ist auch der dazugehörende Krieg verloren.

Der „kalte" Sieg führte eine „unbekannte" Relaxation herbei. „Unbekannt" wurde eine Relaxationsphase deshalb genannt, weil das Kollektiv der Organismen keine somatische Erinnerung an eine vorangegangene Stressphase gespeichert hat. Es kommt nicht zur „Erkennung" zwischen dem im Organismus gespeicherten Stress und der dazugehörigen Relaxation. Die Iterationsdynamik Stress/Relaxation gerät aus dem Takt.

„Unbekannt" wie die Relaxation zur falschen Zeit war auch die siegreiche Kriegstechnologie. Sie war unbekannt, weil sie keine Kampferfahrung hatte. Dennoch begründete sie die Überlegenheitsdoktrin der amerikanischen Geostrategie.

Die kriegerischen USA waren aus dem Kriegstakt geraten. Trotzdem eilte ihnen weiterhin der Ruf der Unangreifbarkeit voraus. Man hielt sie für unangreifbar wegen ihrer Kontrolle über den Strategischen Raum „Cybersphäre".

Die neuen Feinde der „kalten" Sieger griffen folgerichtig aus der Cybersphäre an, allerdings mit einer „Cyber-Swarming-Taktik". Das Resultat war nicht Krieg sondern eine neue Form des Massenmords.

Die aus dem Kriegstakt geratenen USA versuchten, nicht ohne Hast, wieder Takt zu fassen. Sie versuchten, die neue Bedrohung durch Massenmord in einen klassischen Territorialkrieg zurückzuverwandeln. Sie erklärten dem Irak den Krieg, obsiegten sehr schnell, schafften es aber nicht, den Krieg zu beenden. Der postmoderne Infanteriesoldat hatte Schlachten gewonnen. Doch er hatte keinen Krieg gewonnen. Er hat übrigens bis jetzt keinen einzigen Krieg gewonnen. Die Unbesiegbarkeit gewinnt keine Kriege.

Bis jetzt haben die USA nicht zur Iterationsdynamik Krieg/Relaxation zurückgefunden. An die Stelle des starken Kontrasts zwischen hohem Kriegsstress und intensiv erlebter Relaxation ist ein leichter aber ständiger

Dauerstress getreten. Er erinnert an den im klinischen Sinne krankhaften Stress, der krankhaft ist nicht wegen seiner hohen Intensität, sondern wegen seiner geringen Intensität und weil er nicht aufhört. Es gibt kein Relaxationsglück. Der leichte Dauerstress ist in die Kultur der „kalten" Sieger eingedrungen.

Wenn Cocooning das innere Komplement des Außenverhaltens „Krieg" ist, und wenn es keinen Unterschied macht, ob man dem komplementären Gesamtphänomen den einen Namen „Cocooning" oder den anderen Namen „Krieg" gibt, dann hat der glücklose Dauerstress mit Namen „Krieg" die Finanzkrise verursacht. Denn die wurde ja von dem mit ungedeckten Krediten finanzierten Cocooning ausgelöst.

Was bedeutet all das angesichts der Voraussage, der Nationalstaat mutiere zum market state?

Die USA versuchen mit Hilfe von Souveränitätsverhalten ihre Interessen in der Zweiten Welt durchzusetzen. Die Kompetenz der Souveränität besteht aus dem Recht, Kriege zu erklären, und aus dem Recht, Münzen zu prägen.

Die USA und die meisten Staaten der Welt gewähren den Banken Bürgschaften und Kredite, um die Finanzkrise einzudämmen. Ist das eine Rückkehr zur staatlichen Kontrolle und zum Nationalstaat? Es ist eine katastrophenartige Beschleunigung der Entwicklung, die zum market state führt. „Katastrophenartig" bedeutet hier wie in René Thoms Katastrophentheorie: An die Stelle einer stetigen Entwicklung tritt eine plötzliche Veränderung, die einen neuen Zustand herbeiführt.

Finanzkapital als Feuerkraft

Der Banken rettende Staat des 21ten Jahrhunderts ist tatsächlich nicht mehr der alte Nationalstaat. Er ist der sprunghaft evolvierende market state. Für den market state wird das Retten von Banken zum normalen Verhalten. Wenn es ein Normalverhalten gibt, dann kann man aus der Abweichung vom Normalen Taktiken und Strategien entwickeln.

Mit seinem Begriff „Finanzkapital als Feuerkraft" drückt Luttwak aus, dass strategische Operationen auch im Bereich der globalen Wirtschaft eingesetzt werden können. Dabei wird natürlich vorausgesetzt, dass ein Staat überhaupt fähig ist, strategisch zu operieren. Die EU ist strategieunfähig, weil ihre Entscheidungsstrukturen zu schwerfällig sind. Die USA mit ihrer Größe und ihrem zentralen Präsidialsystem sind überaus strategiefähig.

Wenn Strategie auf dem globalen Markt eingesetzt wird, dann setzt sich das Prinzip der paradoxalen Ereignisketten auch im ökonomischen Bereich durch. Mit einem Begriff von Clausewitz ausgedrückt bedeutet das: Es wird „Friktion" erzeugt. „Friktion" bedeutet „Störung". Störungsimpulse treiben Evolutionsprozesse voran. Es entsteht Selektionsdruck, und es entstehen neue Umwelten, denen sich die Systeme anpassen müssen. Wie in der Geschichte vom Zauberlehrling kann man die Prozesse, die neue Umwelten erzeugen und die man selbst ausgelöst hat, nicht kontrollieren.

Ein Beispiel soll zeigen, dass man mit der Taktik der Bankenrettung oder Bankenzerstörung auf dem globalen Markt strategische Ergebnisse erzielen kann. Dabei mutiert der market state zum strategischen market state.

Die Finanzkrise begann in den USA. Dort gab es die ersten Bankinsolvenzen. Folgende große Finanzinstitute waren als erste insolvent: der größte Versicherer AIG, und die beiden halb staatlichen Hypothekenbanken Freddie Mac und Fanny Mae. Sie wurden vom Staat gerettet. Dann kam die Insolvenz der Lehmann Brothers Bank. Alle rechneten damit, dass auch sie gerettet würde. Doch man entschied sich anders. Die Lehmann Brothers Bank wurde ihrem Schicksal überlassen. Sie ging Pleite. Dem amerikanischen Finanzministerium war bekannt, dass die Lehmann Brothers Bank unter allen US-Banken über das größte weltweite Filialnetz verfügte, und dass sie die meisten Geschäftsbeziehungen mit nicht amerikanischen Banken unterhielt.

Die Finanzkrise war bis zum Zusammenbruch der Lehmann Brothers Bank nur eine amerikanische Krise. Erst danach weitete sie sich zur weltweiten Krise aus. Und erst danach griff sie auf die Realwirtschaft über.[33]

---

33 Auf diesen Koinzidenzeffekt machte mich der Wirtschaftswissenschaftler Michael Schulte aufmerksam. Schulte ist Direktor des Sparkassenverbandes „Vest" in Nordrhein-Westfalen.

Diese Auswirkungen des Lehmann-Brothers-Bankrotts waren voraussehbar. Wenn sie voraussehbar waren, dann waren sie auch strategisch einsetzbar.

Voraussehbar ist auch die Tatsache, dass der amerikanische Staat in einer globalisierten Krise eine größere Bonität haben wird als die asiatischen Staaten. Die Bonität der USA wird auch deutlich größer sein als die der EU. Denn die Bonität der EU ergibt sich aus der Durchschnittsbonität ihrer Mitgliedstaaten. Das ist ein Durchschnittwert, der irgendwo zwischen der Wirtschaftskraft Griechenlands und der Wirtschaftskraft Deutschlands liegt. Aus diesen Fakten resultiert die strategische Möglichkeit, eine weltweite Katastrophe für die relative Verbesserung der eigenen Position nach der Katastrophe zu nutzen, etwa nach dem Motto: Ich bin an einer Sintflut interessiert, weil mein Haus wasserfester ist als die Häuser meiner Konkurrenten.

Mit der größeren Bonität der USA war voraussehbar, dass in einer Krise mehr Staatsanleihen von den USA erworben würden als von der EU und von allen anderen Staaten, und dass auf diese Weise dem amerikanischen Staat Finanzkapital zufließen würde.

Es werden die Verhaltensmuster des strategischen market state erkennbar. Seine „Feuerkraft" ist seine Bonität.

Souveränität und Strategie haben ein zweites Operationsfeld gewonnen. Von jetzt an gibt es nicht nur den militärischen Krieg sondern auch den Weltwirtschaftskrieg. Dies könnte eine neue Form des Zweifrontenkriegs sein. Denn wenn die Diagnose „Weltwirtschaftskrieg" für das Verhalten des amerikanischen Finanzministeriums zutreffend ist, dann führen die USA zugleich einen militärischen Krieg und einen Wirtschaftskrieg. Es stellt sich die Frage, ob Wirtschaftskrieg nur in der Kombination mit realem Krieg möglich ist.

Im Wirtschaftskrieg treffen Market States strategische Entscheidungen mit dem Ziel, andere market states zu schwächen oder in den Staatsbankrott zu treiben. Doch auch hier gilt die alte strategische Regel: Die Prozesse, die du in Gang setzt, werden einer paradoxalen Logik folgen.

Für den strategischen Einsatz von Finanzkapital gab es 1993 Luttwaks Theorie vom geoökonomischen Krieg. Es zeigt sich, dass auch die Voraussage des Weltwirtschaftskriegs nur in der paradoxalen Kombination mit der Reaktionsmasse mehrerer Zukunftstheorien „erfolgreich" war. Die einzelne Zukunftstheorie befindet sich gewissermaßen in einer Orakelsuppe, in der beim Erreichen einer kritischen Menge von Orakeln durch Wechselwirkungen Evolutionseffekte ausgelöst werden. Es musste erst durch das amerikanische Supercocooning die Kreditkrise ausgelöst werden. Das Supercocooning musste zuvor durch einen richtigen Krieg ausgelöst werden. Das Supercocooning verhielt sich dann wie ein Beute erwartendes Tier. Es legte keine Vorräte an. Dann musste die Kreditkrise auf den Weltmarkt und auf die Realwirtschaft ausgedehnt werden. Erst danach hatte der Weltwirtschaftskrieg eine Chance. Man kann nunmehr die asiatischen Währungen schwächen. Und man kann den Euro schwächen.

Man kann jetzt sogar auf den Zusammenbruch der Euro-Währung spekulieren. Denn die „Feuerkraft" des

Euro ist der „Feuerkraft“ des Dollar nicht gewachsen. Das liegt daran, dass es keine Euro-Staatsanleihen geben kann, sondern nur Staatsanleihen der europäischen Einzelstaaten. Staatsanleihen der USA kann es dagegen in großem Umfang geben. Außerdem haben die USA das Glück, dass drei Viertel ihrer Währung außerhalb der USA in Umlauf sind, und dass damit der Erfolg des Dollar nicht allein vom wirtschaftlichen Erfolg der USA abhängt.

Wenn in der Zeit 2008/2009 ein Weltwirtschaftskrieg ausgebrochen ist, dann ist es nicht mehr der reine Wirtschaftskrieg, den Luttwak vorausgesagt hat. Es ist vielmehr ein Kombikrieg, der aus wechselwirkenden wirtschaftlichen und militärischen Anteilen besteht.

Es scheint sich abzuzeichnen, dass Amerikas gefährlichster Feind in einem Wirtschaftskrieg nicht die EU sondern China sein wird. Im Gegensatz zu den USA verfügt China über Ersparnisse. China scheint sich im Frühjahr 2009 mit Hilfe seines Finanzkapitals systematisch um Rohstoffmärkte zu bemühen. Es wird sich zeigen, welche Strategie die bessere ist.

Falls diese Analyse richtig ist, würde das bedeuten: Ein Wirtschaftskrieg zwischen den USA und der EU ist möglich. Was würde ein derartiger Krieg für die Westliche Kultur bedeuten? Was würde er für „uns“, die Mitglieder der Westlichen Kultur bedeuten? Es wäre wieder einmal ein Bürgerkrieg innerhalb der Westlichen Kultur. Ein Bürgerkrieg wie all die vielen Kriege der Neuzeit, die innerhalb von Europa ausgefochten wurden.

Wenn es innerhalb der Westlichen Kultur einen European Way of Life gibt, wenn es bei dem Versuch, die Zweite Welt zu beeinflussen die harte militärische Methode der Amerikaner und die weiche, nicht militärische Methode der Europäer gibt – wie könnte man die europäische Methode in einem Wirtschaftskrieg gegen die Amerikaner retten? Europa müsste sich – immer vorausgesetzt, dass tatsächlich geoökonomischer Krieg herrscht – mit China verbünden, um auf diese Weise Amerika zu schwächen und um am Ende der gemeinsamen Westliche Kultur einen Dienst zu erweisen.

*

Der globale Finanzmarkt hat eine nicht lineare, kettenreaktionsartige Eigendynamik entwickelt. Die Staaten werden durch diese Dynamik, die einem natürlichen Prozess ähnelt, zu Anpassungsverhalten gezwungen. Sie müssen versuchen, die Banken zu retten, weil die Banken für das System des Geldverkehrs unverzichtbar sind. Banken sind systemnotwendig. Beim Zusammenbruch einer kritischen Menge von Banken bräche die Dynamik der Geldzirkulation zusammen. Damit wäre auch die staatliche Währungshoheit zusammengebrochen.

Die Staaten helfen den Banken nicht durch das Ausgeben von Steuergeldern. Sie zehren vielmehr einen Teil der Puffermasse auf, die Staaten vom Staatsbankrott trennt. Diese Puffermasse ist die Bonität der Staaten. Der Staatsbankrott tritt dann ein, wenn das staatliche Münzrecht nicht mehr funktioniert. Es funktioniert nicht mehr, wenn man für das vom Staat in Umlauf gebrachte Geld nichts mehr kaufen kann.

Die Staaten müssen die Banken unterstützen, um selbst zu überleben. Sie erhalten dafür keine Gegenleistung. Sie gewinnen keineswegs die dringend herbei gewünschte Kontrolle über die globalen Finanzmärkte. Denn eine derartige Kontrolle müsste nicht intrastaatlich sondern interstaatlich funktionieren. Es ist nicht wahrscheinlich, dass es zu einer ausreichend mächtigen internationalen Kontrollorganisation kommen wird. Die globale Cybervernetzung der Geldmärkte ist zu schnell. Banken und ihre smarten Banker haben mit diesen Dingen mehr Erfahrung als staatliche Aufsichtsbehörden. Außerdem eröffnen globale Finanzkrisen die Möglichkeit, Finanzströme als „Feuerkraft" einzusetzen, was für strategie- und kriegsfähige Staaten ein Mittel der Machterweiterung ist.

Das alles bedeutet: Der „kalte" Sieg hat die Entwicklung, die zum market state führt, katastrophenartig beschleunigt. Die MSC-Theorie beschreibt cocooning und Krieg als ein einziges System. Sie sagt voraus, dass Krieg und cocooning entweder als Eustress-Phänomene die Struktur einer zeitlichen Sequenz haben oder als Dysstress-Phänomene nicht klar getrennt aufeinander folgen, sondern sich miteinander vermischen und nicht enden.

Beuteerwartung

Evolutionstheoretische Essays haben das Recht, hochspekulative Theorien zu entwickeln, allerdings nur unter der Bedingung, dass eine Überprüfung der Theorien durch Experimente in Aussicht gestellt wird. Eine spekulative Vermutung solcher Art ist die Hypothese vom kognitiven Instinkt „Nachkriegsverhalten". Man könnte sich Experimente im Bereich der Gehirnforschung vorstellen, die versuchen, dieses Verhalten im neurowissenschaftlich beschreibbaren Unbewussten aufzuspüren.[34]

Nicht weniger plausibel ist die Annahme eines angeborenen Kognitionsmoduls mit dem Namen „Beuteerwartung". Es würde zur Familie der tribalistischen sozialen Instinkte gehören und könnte von unseren Jäger-Sammlervorfahren auf uns übertragen sein. Es würde Populationen den Fitness-Vorteil verschaffen, mit einer gewissen Euphorie geduldig zu warten, während die Krieger im Krieg sind. Dieses Verhalten würde nicht durch dekla-

34 Zu den Möglichkeiten der experimentellen Gehirnforschung siehe: Grunwald T. (2008) *Gehirn und Gedudel. Warum die Fußball-Europameisterschaft das Leben verlängert, der Musikantenstadl aber nicht,* TRACE, Springer, Wien/New York.

rative Kognitionsaktivität ausgelöst. Es könnte deshalb auch von Individuen Besitz ergreifen, die im Bereich der deklarativen Kognition Kriege ablehnen. Das bedeutet: Auch der Pazifist könnte während eines Krieges in einem unbewussten Bereich seines kulturellen Verhaltens vom Instinkt der Beuteerwartung ergriffen werden.

Der Instinkt „Beuteerwartung" würde nach dem Negativ/Positiv-Schema der Kognitiven Module funktionieren. Das Negativ könnte sein: „Beginn der Kriegsattacke". Das Verhalten „Beuteerwartung" würde sich automatisch einstellen, sobald Nachrichten von den ersten Angriffen der eigenen Armee zu Hause eintreffen. Die „Beuteerwartung" würde anhalten, solange die Operationen der eigenen Armee als erfolgreich dargestellt werden.

Die theoretische Annahme des kognitiven Instinkts „Beuteerwartung" hat den Vorteil, dass sie imstande ist, den Leichtsinn bei der amerikanischen Kreditvergabe zu erklären.

Ein Krieg, der keine Beute einbringt, müsste zu depressiven Stimmungen führen.

In den USA ist das cocooning-Verhalten erkrankt. Es entsteht der leichte Dauerstress eines beutelosen Krieges. Und es entsteht der leichte Dauerstress von Menschen, die einen Kulturschock erlitten haben, weil sie nicht mehr im eigenen Haus wohnen wegen geplatzter Kredite, weil sie ihre Autos zurückgeben müssen wegen nicht bezahlter Leasingraten, und weil sie nicht mehr das Vergnügen eines Shopping-Wochenendes genießen können wegen gesperrter Kreditkarten.

„Ein Staat, der einen Angriffskrieg führt und keine Beute macht, ist genau so lächerlich wie ein Einbrecher, der einbricht und nicht stielt."

Aber die Beuterwartung kann warten.

IMPERIUM

„Imperium" bedeutete bei den Römern nicht nur das, was wir heute darunter verstehen. Es bedeutete auch: Oberbefehl über die Armee. Und, was das Wichtigste ist: Es bedeutete „von den Göttern verliehene Macht, die dazu befähigt, die Armee zum Sieg zu führen".[35]

Der Zusammenbruch der Cocooning-Front führt zu einer Störung des Beuteinstinkts. Es entsteht eine depressive Tendenz in der Kultur. Das „imperium" wird geschwächt.

---

35 Siehe: Marquard, J. (1885) *Römische Staatsverwaltung*, 2. Aufl. Leipzig; ebenfalls: Mommsen, T. (1887) *Römisches Staatsrecht*, Leipzig.

„Wir“

Die Ereignisse, die in der Westlichen Kultur und in den USA stattfinden, sollten in einem Buch, das von einem deutschen Europäer geschrieben wird, in der „Wir“-Form dargestellt werden. Das war die erklärte Absicht. Doch fast unbemerkt schlich sich die Beschreibungsform der dritten Person wieder ein. Auf den letzten Seiten wurde nur noch von „ihnen“, den Amerikanern, gesprochen. Das scheint berechtigt zu sein. Die Finanzkrise ging von den USA aus, und bei allen seit dem Ende des Kalten Kriegs geführten „heißen“ Kriegen ging ebenfalls die Initiative von den USA aus. Doch es gibt noch eine weitere Absichtserklärung auf den ersten Seiten. Sie lautet: Kulturen, nicht Staaten, sollen als geopolitische Aktionseinheiten beschrieben werden.

Weil die wichtigsten Merkmale, die es ermöglichen, die Westliche Kultur vom Rest der Welt zu unterscheiden, für die USA und Europa dieselben sind, muss versucht werden, den „kalten“ Sieg mit all seinen Folgen als Ereigniskomplex der ganzen Westlichen Kultur darzustellen. Folglich muss gesagt werden. „Wir“ haben uns in einer nicht verdienten Cocooning-Phase erholt. – „Wir“ haben uns mit Fukuyama für unbesiegbar gehalten. – „Wir“ haben gemeinsam mit Huntington einen Konflikt mit dem Islam erwartet.

– „Wir“ haben mit Hanson vorausgesagt, dass „wir“ im Kampf gegen nicht westliche Kulturen am erfolgreichsten sein würden. – „Wir“ haben mit Bobbitt den market state vorausgesagt. – „Wir“ haben uns in den krankhaften Dauerstress des gescheiterten Cocooning und in den krankhaften Dauerstress des nicht beendbaren Krieges begeben und „wir“ haben die schockartige Transformation vom Nationalstaat in den market state erlebt. Schließlich haben „wir“ damit begonnen, mit Hilfe von Finanzkapital als Feuerkraft Wirtschaftsbürgerkriege innerhalb der Westlichen Kultur gegen uns selbst zu führen.

„Wir“ erkennen mehr und mehr, dass unser Auftreten in der Zweiten Welt wenig überzeugend ist. Durch „unsere“ Flugzeugträger-Politik werden „wir“ für die Welt immer unsympathischer. „Wir“ erkennen, dass „wir“ die aggressivste Kultur sind, die es auf diesem Planeten je gegeben hat. Schließlich erkennen „wir“, dass die Botschaft, die „wir“ der Zweiten- und Dritten Welt bringen, ihre Glaubwürdigkeit verloren hat. Denn niemand glaubt uns nach der Finanzkrise, dass allein die Kombination von Kapitalismus und Demokratie zum Erfolg führt. Außerdem wird der Finanzkapital-Krieg in China als Weltwirtschaftskrieg wahrgenommen, der von der Westlichen Kultur ausgeht.

Aus der Verwendung des Kulturbegriffs bei der Beschreibung von geopolitischen Prozessen ergibt sich eine weitere Konsequenz. Kultur bedeutet Enkulturierungsdynamik, und Kulturen versuchen an ihren Rändern auch die Nachbarkulturen zu enkulturieren. Wenn Geopolitik also bedeutet, dass die konkurrierenden Supermächte der Ersten Welt um Einflussgewinn auf die Zweite Welt bemüht sind, dann kann in der Sicht der Kulturtheorie dieser Einflussgewinn nur aus der inneren und äußeren Enkulturierungsdynamik bestehen.

Bobbitt beschreibt Staaten als geopolitische Akteure, die Kriege führen und nach Kriegen ihre Verfassungen revidieren. Die MSC-Theorie beschreibt Kulturen als geopolitische Akteure, die sich durch Kriege unter Stress und unter Selektionsdruck setzen und in den Relaxationsphasen die kulturellen Regelsysteme neu bewerten.

In Bobbitts Theorie sind die USA und die EU zwei unabhängige Staatssysteme. In der MSC-Theorie sind sie eine einzige Kultur. In der Kultur-Perspektive wäre es nicht möglich, die ganze Westliche Kultur als Gewinner des Langen Krieges darzustellen. Denn die beiden Weltkriege wären wie alle innereuropäischen Kriege der Neuzeit „Bürgerkriege“ innerhalb der Westlichen Kultur gewesen.

Der Kalte Krieg wäre in der Perspektive des Kulturmodells nicht von den USA gewonnen worden. Denn zum wirklichen Gewinnen eines Krieges gehört der Selektionseffekt, der durch die Feindberührung entsteht. Kalter Krieg und „kalter“ Sieg zusammengenommen wären die typische Realitätsverbiegung, die in einer poststressalen Bewertungsphase vorgenommen wird und bei der es nicht darauf ankommt, was wirklich geschehen ist, sondern bei der es nur darauf ankommt, wie man sich selbst nach dem Geschehen bewertet. Diese poststressale Nachkriegsphase ist allerdings durch das falsche Positiv eines nicht geführten Krieges ausgelöst worden.

Das Resultat des Langen Krieges wäre nicht der Sieg der Amerikaner sondern lediglich die Emergenz der Westlichen Kultur als geopolitischer Aktionseinheit.

Souveränität

Die Profilierung der Westlichen Kultur als Enkulturierungsmodell ist von der EU vorangetrieben worden. Denn die EU ist zu einem quasi föderalen Staatensystem geworden. Es ist arm an Souveränität, weil die Entscheidungsprozesse zu komplex geworden sind. Die EU wäre nicht imstande, einen Krieg wie den Irakkrieg oder einen Weltwirtschaftskrieg anzufangen. Denn Souveränität beinhaltet neben dem Recht, Währungen zu schaffen, das Recht, Kriege zu erklären. Das aber wäre in der EU nur für Einzelstaaten möglich. Die europäischen Einzelstaaten sind jedoch zu klein, um Kriege von geopolitischer oder geoökonomischer Bedeutung zu führen. Die EU als ganze wäre zwar groß genug. Doch die EU ist im Sinne sowohl der militärischen als auch der ökonomischen Strategie nicht souverän. Denn sie verfügt nicht über eine ausreichend schnelle Kommandostruktur.

In der Kulturperspektive gehören USA und EU zusammen. In der Staatenperspektive sind USA und EU getrennte Großmächte. Die EU ist eine Großmacht mit eingeschränkter Souveränität. Die USA sind eine Großmacht mit uneingeschränkter Souveränität. Sie führen Kriege mit einer gewissen Entscheidungsfreudigkeit. Dasselbe gilt für Wirtschaftskriege. Die Außenanmutung der ganzen Westlichen Kultur wird von der amerikanischen Kriegsentschlossenheit geprägt.

USA und EU sind mit verschiedenen Methoden darum bemüht, Einfluss auf die Zweite Welt zu gewinnen. Die USA tun dies mit militärstrategischen Methoden, wirtschaftsstrategischen Methoden und durch den Aufbau eines Stützpunktsystems. Damit erzeugen sie immer heftiger werdende Gegenreaktionen. Außerdem machen sie im Moment keine Beute. Auch das Öl scheint knapp zu werden. In der amerikanischen Heimatkultur ist durch die Finanzkrise der Wohlstand zurückgegangen. Die Enkulturierungspolitik „Demokratie plus Kapitalismus" stößt in der Zweiten- und Dritten Welt auf immer mehr Ablehnung. Das MSC-Modell erklärt das „imperium", mit anderen Worten, die Kriegs- und Siegfähigkeit dann für verloren, wenn es zum Zusammenbruch der cocooning-Kultur kommt.

Die EU vergrößert ihren Einfluss auf die Zweite Welt durch die Aufnahme neuer Staaten in Mittel- und Ost-Europa.[36] Dabei handelt es sich um eine Enkulturierungspolitik, die Konsens durch zunehmenden Verzicht

---

36 Siehe: Khanna P. (2008) *The Second World. Empires and Influence in the New Global Order,* Random House, New York; deutsche Übers.: Khanna P. (2008) op. cit.

auf Souveränität erzeugt. Hier ist eine Entwicklung eingeleitet worden, in der ein System entsteht, das immer weniger kriegs- und wirtschaftskriegsfähig ist und trotzdem wächst. Es wächst durch schrumpfende Souveränität. Denn mit jeder Aufnahme eines neuen Staats werden die Entscheidungsprozesse komplizierter, langsamer und damit immer weniger kriegstauglich. Und mit jeder Aufnahme eines neuen Staats nimmt die „Feuerkraft" des Euro ab. Einflussgewinn und Souveränität stehen in einem Verhältnis zueinander, das umgekehrt proportional ist.

Wie sähe die Geopolitik aus, wenn die USA nicht als Staat sondern als Teil der Westlichen Kultur agieren würden? Es käme zu einer innerkulturellen Enkulturierungsdynamik durch Imitation. Die USA würden das Souveränitätsverhalten der EU imitieren.

Aussterben

Deutschland und die meisten EU-Staaten haben seit zwei Generationen keine Kriege geführt. Wie verändert sich eine Enkulturierungsdynamik, wenn die vertikale Transmission von kulturellen Informationseinheiten zwei Generationen lang abreißt?

Die Enkulturierung der Kriegsfähigkeit von Armeen hängt nicht nur von der Vermittlung des Waffentrainings ab, sondern auch von der Übertragung des kulturellen Vorbildverhaltens. Kriegsvorbilder sind die Veteranen. Dabei handelt es sich um Individuen, die Kampferfahrung haben. Ihr emotionales Gedächtnis und ihr Körpergedächtnis sind von Erinnerungen an Beinahe-Situationen geprägt. In militärischen Beinahe-Situationen erkennen die Individuen, dass ihre Nachbarn getötet worden sind, dass sie selbst fast getötet worden wären und nur durch Zufall am Leben geblieben sind. Diese Erinnerungen müssen von den emotionalen Kontrollorganen des Gehirns so bewertet werden, dass die Gesamtpersönlichkeit in mentaler Balance bleibt. Persönlichkeiten mit diesem Gedächtnisprofil sind unerlässlich, um Kriegsfähigkeit auf Rekruten zu übertragen. Sie sind Vorbilder mit der Aura des Krieges.

Die Gedächtnisstrukturen des kulturellen Prototyps „Kriegsveteran" können mit geeignetem Experimentdesign von den Neurowissenschaften erforscht werden.

In stabilen Kriegskulturen wird die Kriegsfähigkeit parental übertragen. Das bedeutet: Ohne Unterbrechung werden Merkmale von Vorgängergenerationen auf Nachfolgegenerationen übertragen. Parental bedeutet in diesem speziellen Fall auch: In Militärfamilien, die es in allen Kulturen gibt, werden Merkmale von den Eltern auf die eigenen Kinder übertragen.

Parentale Übertragung ist ein Phänomen der Makroevolution. Wie wir bereits wissen, spricht man von Mikroevolution, wenn innerhalb der Zeitgrenzen einer Generation Übertragungsdynamiken verändert werden, z.B. durch Innovationen, ohne die das Überleben nicht möglich wäre. Diese Innovationen werden dann durch Imitationsinstinkte übertragen. Beim Imitationsinstinkt handelt es sich um die angeborene Fähigkeit, etwas zu imitieren, ohne es zu verstehen. Wie die DNA als Replikator in der genetischen Transmission fungiert, so fungiert die Imitation als Replikator in Transmissionsprozessen der kulturellen Mikroevolution.

Die in der MSC-Theorie dargestellte Verschränkung von Stress und Relaxation enthält die Voraussage, diese Verschränkung sei eine Iterationsstruktur. Sie wiederhole sich. Kombiniert mit der kulturtheoretischen Aufforderung, die USA und Europa als eine geopolitische, kulturelle Einheit zu betrachten, würde die MSC-Theorie voraussagen, auch eine Großkultur USA/EU werde sich iterativ verhalten. Das liefe auf die Voraussage hinaus: Auch die ganze Westliche Kultur wird alternierende MSC- und Relaxationsphasen hervorbringen. Mit anderen Worten ausgedrückt würde das bedeuten: Auch die Westliche Kultur als ganze wird nicht aufhören, Kriege zu führen.

Kann man die Kriegsfähigkeit zerstören?

Etwas, das evolviert, kann nicht zerstört werden. Es kann nur aussterben. Man kann allerdings darüber nachdenken, ob man Evolutionsprozesse, die zum Aussterben von etwas führen sollen, von außen beeinflussen kann.

Aus welchen in der Natur beobachteten Regelmäßigkeiten ist die Iterationsannahme der MSC-Theorie abgeleitet? Sie stützt sich auf die Tatsache, dass die Stressphysiologie genetisch übertragen wird. Wenn etwas bis jetzt genetisch übertragen worden ist, dann nimmt man an, dass es auch in Zukunft genetisch übertragen wird. Kann eine genetische Iterationsdynamik von außen beeinflusst werden?

Sie kann durch Prozesse der Mikroevolution beeinflusst werden.

In der Iterationsthese der MSC-Theorie wird nicht unterschieden zwischen intergenerationaler Übertragung im genetischen und intergenerationaler Übertragung im kulturellen Bereich. Genetisch übertragen wird die Stressphysiologie selbst. Kulturell übertragen werden alle antrainierten Merkmale, die aus der angeborenen Stressphysiologie die kulturelle Technik „Krieg" machen. Dazu gehören beispielsweise die Übungstraditionen der Militärschulen und Militärakademien. In der Kombination bilden die genetisch übertragene Stressphysiologie und die kulturell übertragene Kriegsfertigkeit einen baldwinschen Fitnesseffekt.

In Prozessen der Mikroevolution werden intergenerationale Übertragungsstränge unterbrochen und durch intragenerationale Übertragungen ersetzt, z. B. durch die Imitation von neuen Vorbildern und durch daraus entstehendes, neues Routineverhalten. Wenn in einer Kultur die Übertragungsdynamik „Imitation des Veteranenvorbilds" zwei Generationen lang unterbrochen wird, dann ist es wahrscheinlich, dass die Transmission des kriegsfähigen Verhaltens teilweise abgerissen ist. Es kommt zu einer Störung der baldwinschen Zusammenführung des genetischen Verhaltens „Stressphysiologie" und der kulturellen Nutzung der Stressphysiologie. Neue genetisch-kulturelle

Arrangements werden möglich. Hier können benigne Baldwin-Effekte und Effekte der genetischen Assimilation wirksam werden.

Zur Erinnerung: Im Baldwin-Modell werden genetische Merkmale nur dann verstärkt an die nächste Generation übertragen, wenn sie durch kulturelles Training unterstützt werden. Beispiel: die angeborenen langen Arme. Sie erzeugen einen Fitness-Vorteil nur unter der Bedingung, dass sie vom Erlernen der kulturellen Technik „Basketball" unterstützt werden. (Dem Leser ist mit Sicherheit nicht entgangen, dass die fiktive Koevolution zwischen einer Genetik der langen Arme und einer Kultur des Basketball aus dem Bereich der didaktischen Humoristik stammt.)

Fazit

Die Weltwirtschaftskrise ist nicht durch das chaotische Verhalten der Banken ausgelöst worden, sondern durch das strategische Souveränitätsverhalten eines market state. Er hat in einem ersten Schritt durch seine gescheiterte Cocooning-Politik eine nichtlineare Schuldendynamik verursacht. Dabei ist die Cocooning-Politik Teil des Kriegsverhaltens. In einem zweiten Schritt hat dieser market state sein souveränes Kriegsverhalten auf das Prinzip

„Finanzkapital als Feuerkraft“ übertragen: Er hat die nationale Finanzkrise zu einer internationalen Finanz- und Realwirtschaftskrise gemacht und dann damit begonnen, im internationalen Wirtschaftschaos strategisch zu operieren.

Wenn auf diese Weise ein Weltwirtschaftskrieg ausgebrochen ist, dann handelt es sich nicht um den reinen Weltwirtschaftskrieg, den Luttwak vorausgesagt hat, sondern um einen *Kombikrieg*, der nur durch die Kombination von Wirtschaftskrieg und militärischem Krieg in Gang gekommen ist.

Voraussage

Als Belohnung für die geduldige Lektüre eines Essays über sieben alte Voraussagen soll dem Leser eine neue, achte Voraussage vorgestellt werden. Hier ist sie:

Die Wiederholungen von MSC-Aktionen und Relaxationsphasen werden so lange Regelfälle der Evolution bleiben, bis durch mögliche Einflüsse der Mikroevolution die Kriegsfähigkeit einer geopolitisch agierenden Kultur auszusterben beginnt.

Mit dem Koinzidieren von zunehmendem geopolitischem Einfluss und Aussterben der Kriegsfähigkeit nach

EU-Vorbild wird die kulturelle Evolution eine höhere Komplexitätsstufe erreichen.

Das Aussterben der militärischen Kriegsfähigkeit durch Schwächung von Souveränität wird das Aussterben der wirtschaftlichen Kriegsfähigkeit des market state durch dieselbe Schwächung von Souveränität bewirken.